Tron Bhogha-Froise

Sgeulachdan is Bàrdachd

Alasdair MacAonghais

D1492791

Air fhoillseachadh ann an 1999 le Cànan
Sabhal Mòr Ostaig, An Teanga, Slèite, An t-Eilean Sgitheanach

Chuidich Comhairle nan Leabhraichean am foillsichear le cosgaisean an
leabhair seo.

Dealbh re Dorothy Anderson Deilbhte agus dèanta le Cànan Earranta
Clo-bhuailte le Nevisprint

ISBN 1 897873 64 6

Mar chuimhneachan air Morainn, mo bhean

Buidheachas

Tha Cànan a' toirt taing dha na buidhnean a leanas airson na taic-airgid a thug iad dhuinn mu choinneimh cosgaisean an leabhair.

Comhairle nan Leabhraichean
Comunn Gàidhlig Inbhir Nis
Comunn na Gàidhlig an Lunnainn
Iomairt an Eilein Sgitheanaich agus Loch Aillse
Urras Brosnachaidh na Gàidhlig
Urras Catriona NicCuaig
Urras Dhòmhnaill MhicThomais
Urras nan Gaidheal

A bharrachd air taic-airgid, thug Urras Brosnachaidh na Gàidhlig agus Comhairle nan Leabhraichean cuideachadh dhan phròiseact anns a h-uile dòigh bhon toiseach agus tha sinn fada nan comain.

Fhuair na sgeulachdan a leanas a' chiad duais aig Mòd Nàiseanta Obar-Dheathain ann an 1964: *A' siubhal Ait-aoigheachd, An t-Sealg* agus *An Dà Choigreach*. Choisinn *Dà Shealladh* Crùn a' Bhàird aig Mòd Nàiseanta Inbhir Nis ann an 1972. Tha sinn a' toirt taing dhan Chomunn Ghaidhealach airson cead na sgrìobhaidhean sin a chur san leabhar seo.

CLAR

Tha teip ri fhaighinn cuideachd, air a leughadh leis an ùghdar, agus a' toirt a-staigh na sgrìobhaidhean seo uile, ach a-mhàin *Còmhradh anns an Teaghlach*.

Ro-ràdh

Tha mi air mòran tlachd fhaotainn rè nam bliadhnachan o a bhith a' cuideachadh oileanaich a bha dèidheil air Gàidhlig ionnsachadh; ceithir bliadhna fichead de na bliadhnachan sin ann an Clasaichean Feasgair anns an Roinn Mheadhanach, nam measg an Ire Chumanta agus an Ard Ire. Bha mi glè thoilichte cuideachd a bhith air ceann Chùrsaichean Deireadh Seachdainn a' Chomuinn Ghàidhealaich thall 's a-bhos feadh na h-Alba fad deich bliadhna, ach on àm sin chuir mi romham gum bu mhath leam Cùrsaichean Còmhnaidhe neo-eisimeileach a bhith agam fhìn. Agus càit a bu fhreagarraiche dhomh, gu nàdarra, na anns a' Ghleann far an d' rugadh agus an do thogadh mi, mu chèarnan Ghlinne Comhainn. B' ann mar sin a thòisich 'Gàidhlig anns a' Ghleann' o chionn naoi bliadhna deug - cùrsaichean a tha a' dol air adhart fhathast.

Cho-dhùin mi an toiseach nach bithinn a' cur feum air leabhraichean de sheòrsa sam bith air na Cùrsaichean sin. Cha robh e fada gus an robh na h-oileanaich ag iarraidh gum foillsichinn na sgeulachdan agam. 'S e bha mi ag ràdha riutha, "Tha mi duilich; 's ann le còmhradh, uidh air n-uidh, agus cuideachd, a bhith ag èisdeachd ri sgeulachdan (chan ann dìreach gan leughadh), a ghabhas sibh an ceum brìoghmhor air a bheil sibh cho dèidheil ag amas - an ceum a bheir dhuibh fileantachd anns a' chànain!"

Ach an dèidh còrr is deich bliadhna thug mi an cuid iarrtais do na h-oileanaich. Feumar a ràdh gun do dh'fheum iad a bhith foighidinneach da-rìreabh, oir thàinig iomadh cnap-starradh air ceum-foillsichidh an leabhair nach do thoill e.

Cò chreideadh e agus e air innseadh dhomh gun robh feum mòr aig a' Ghàidhlig air a leithid de leabhar!

Ach tha 'Tron Bhogha-Froise' agaibh mu dheireadh thall - aig oileanaich a tha a' tilleadh gu 'Gàidhlig anns a' Ghleann' bliadhna an dèidh bliadhna agus air a bheil mi a-nis glè eòlach; agus feadhainn eile a tha a' tighinn as ùr, cuid dhiubh a' tighinn air astar à iomadh ceàrn. Am bliadhna fhèin, gu h-inntinneach bha dithis leam à baile beag tuath air Vancouver; ach cuideachd, nas fhaide tuath fhathast ann an Canada - às An Yukon! Agus dithis bhoireannach às a' Bheilg. Bha iadsan dìreach a' tòiseachadh air a' chànain; deireadh na seachdaine bha iad a' fuaimneachadh na Gàidhlig cho gasda; fìor thoileachadh a bhith ag èisdeachd riutha! Cumaibh oirbh a' tighinn oir chan eil anns an leabhar seo ach taghadh beag de na sgeulachdan a tha agam dhuibh; bidh feadhainn ùra ann dhuibh gach uair a thig sibh. Ach do dh'oileanaich air fad, tha mi an dòchas gum faigh sibh mòran tlachd às na sgeulachdan is beagan bàrdachd ann an 'Tron Bhogha-Froise' agus às a bhith ag èisdeachd riutha air na cèiseagan a bhios leis an leabhar.

Tha mi an dòchas cuideachd gum faigh sibhse a chaidh a thogail leis a' Ghàidhlig toileachadh anns an leughadh - agus anns an èisdeachd. Shaoilinn nach bu mhisd' duine sam bith beagan de Ghàidhlig Earraghàidheil a chluinntinn!

Tha mi gu mòr an comain, Iain MacDhòmhnaill, fear-stiùiridh Comhairle nan Leabhraichean airson cho cuideachail, gasda agus a bha e air gach ceum, Mairead Dhòmhnallach (Cànan) airson na rinn i an leabhar is cèiseagan a thoirt gu buil agus Uisdean MacIllinnein, Rùnaire Urras Brosnachaidh na Gàidhlig airson an obair mhath a rinn e, as leth an leabhair.

Taing don h-uile duine a chuidich ann an dòigh sam bith.

A. MacA.

CEUM AIR THOISEACH

O! Bha e cho gasda cothrom a bhith aige air dol a-mach a-rithist. Bha an latha soilleir, grianach, ach cha robh blàths mòr sam bith ann airson an ama seo den bhliadhna, no ma bha cha robh esan ga fhaireachdainn. Cha bu bheag an cudthrom a bha e air a chall anns an dà mhìos a chaidh seachad. An-diugh cha robh ann ach naoi clachan; bha iomadh bliadhna on a bha e cho caol, cho aotrom. Bha aodann car bàn; ciamar nach bitheadh agus e air a bhith na phrìosanach ann an toglaichean thall 's a-bhos - cuid dhiubh thall thairis, ach a-nis an Sasann.

O chionn latha no dhà thuirt i ris: "Am bu toigh leat am baile fhaicinn?"

"Bu toigh l', gu dearbh!" Ach ghàir e. "Cha bhiodh sin furasda leam agus nach tèid agam air coiseachd."

Ghàir i fhèin. "Bruidhnidh mi ris a' phrìomh-nurs nuair a gheibh mi cothrom; innsidh mi dhut a-màireach. Tha e còig uairean a-nis agus tha an t-àm agamsa falbh dhachaigh." Agus leis na facail sin thog i oirre, dìreach a' tionndadh anns an doras, a sùilean a' smèideadh ris mar a thog i a làmh anns an dealachadh. "Nach i a tha laghach!" smaoinich e.

Bha e air a bhith dìreach ceala-deug anns an ospadal seo ann an taobh tuath Shasainn. B' ann anns an Eadailt a bha e air a leòn. Bha e car mì-fhortanach, oir bha Cogadh na Roinn-Eòrpa gu a bhith aig a cheann; cha robh comas air. Bha e mu dheich uairean aig oidhche nuair a thòisich gunnachan mòra nan Gearmailteach air losgadh. Bha esan, le balaich eile a bha anns an Sguadran aige, na laighe air pàirc lom, neo-fhasgadhach teann air baile Faenza. Bha na saighdearan sin, le càraichean armaichte, deas airson an nàmhaid a leantainn an làrna-mhàireach tarsainn air Magh Mòr Lombardaidh agus an sguabadh às an Eadailt. Ach an dràsda bha na Gearmailtich trang a' bualadh air na gunnachan mòra againne a bha taobh a-muigh na pàirce - a' feuchainn ri bacadh air choreigin a chur air an do-sheachnach. Mar a thachras, air uairean cha b' ann idir air na gunnachan a bha na seilichean a' tuiteam ach air an Sguadran anns a' phàirc. Bha caoin guineach aig gach seil mar a thigeadh e. Spreadh fear air thoiseach air, an ath fhear air a chùlaibh. Cha robh dìon idir air còmhnard na pàirce. Bha e coltach gu leòir gun tuiteadh an ath fhear dìreach air, ga spreadhadh don t-sìorraidheachd. Cha robh dol às aige. Chuir e a làmhan timcheall air a cheann agus dh'fhalaich e aodann anns a' ghrunnd.

Stad an seileadh agus bha fhios aige a-nis gun robh an Cogadh seachad air a shon-san: bha a lèine agus a bhriogais cheana fliuch le fuil.

Cha robh ach dithis anns an rùm bheag anns an robh e anns an ospadal - Ospadal Dheasphuirt. Bha an duine eile an urrainn coiseachd agus bha e air falbh a-mach don bhaile.

Thàinig i a-steach don rùm; bhiodh e mu dhà uair feasgar.

"Bhruidhinn mi ris a' phrìomh-nurs, mar a gheall mi. Dh'fhaighnich mi dhith am faodainn do thoirt a-mach ann an cathair-rotha. 'Faodaidh,' thuirt i, 'cho fad' 's a bhios deise-nurs ort.' Nise, tha mise dheth gu còig uairean; tillidh mi ann an deich mionaidean le cathair." Agus thill.

Bha e cho tlachdmhòr a bhith a-muigh às an ospadal.

'S e baile laghach a bha ann gun teagamh - le sràidean leathann agus taighean eireachdail. Cha robh iad fada gus an robh iad a' dol tarsainn air a' phromanàd - taighean-òsda mòra air aon taobh agus air an taobh eile gàrraidhean brèagha a' ruith a-sìos gu ruig a' chladaich.

"Suidhidh sinn an seo," thuirt i - i fhèin air suidheachan agus esan na chathair. A-nis bha iad air falbh o thraingead an traphaig agus cothrom aca air bruidhinn. Bha e furasda a bhith a' còmhradh rithe, i òg - i dìreach naoi bliadhna deug - i taitneach, ùidheil, le falt dorcha, a gnùis mìn, a sùilean boillsgeil. 'S e saoghal eile a bha an seo dhàsan; cho eadar-dhealaichte an coimeas ris na bliadhnachan a chaidh seachad - sàmhchair, gu dearbh. A-nis bha Cogadh na Roinn-Eòrpa aig a cheann. Agus bha esan nas saoire o phian na bha e air a bhith fad iomadh latha. Cha b' urrainn dha coiseachd fhathast ach cha robh sin a' cur dragh sam bith air an-dràsda; thigeadh sin uaireigin.

Chaidh a' chracaireachd eatarra air adhart.

"Cuin a thòisich thu air nursadh?" dh'fhaighnich e.

"O! dìreach beagan còrr is bliadhna - ochd mìosan deug, dh'fhaodte."

"Agus c'ainm a th'ort?"

"Tha Mòrainn," fhreagair i. "Tha fhios agam air t' ainm-sa cheana; tha e anns an leabhar, Alasdair!"

Bha caileag òg a' tighinn dan ionnsaigh. Stad i far an robh iad. Bhiodh i mu naoi bliadhna a dh'aois.

"Tha seo bho mo sheanmhair," thuirt i gu socharach agus i a' sìneadh leth-chrùin dha. Bha a seanmhair na seasamh air drochaid bheag anns a' phàirc mu dhà fhichead slat air falbh. Ruith a' chaileag air ais far an robh i.

"Nach robh sin laghach!" thuirt Mòrainn: "leth-chrùn airson an t-saighdeir leònte!"

Cha b' urrainn dha taing a thoirt don t-seanmhair mar a bu mhath leis ach dìreach a làmh a thogail rithe.

"An toigh leat a bhith nad nurs?" dh'fhaighnich e.

"O, 's toigh l'! Cha dèanainn obair sam bith ach seo," fhreagair i; agus thuig e gur i an fhìrinn a bha aice, gu h-iomlan.

Bha e air an aire a thoirt cheana, anns an ospadal, cho pongail, èasgaidh, cùramach agus a bha i na h-obair - dìreach na buadhan, a thuilleadh air sgil na h-oibre, a dhèanadh sàr-nurs.

Bha an latha a' còrdadh ris; agus rithese cuideachd, bha e a' creidsinn. An dèidh a bhith ann an leapannan ospadailean cho fada, bha saorsa aige an-diugh; bha, eadhon ann an cathair-rotha. Bha farsaingeachd timcheall air agus e a' sealltainn air speur soilleir, gorm gu h-àrd agus air muir sìnte gu druim a' chuain. Bha, bha a h-uile rud cho greannmhor, cho taitneach.

"Dè tha thu a' dol a dhèanamh nuair a gheibh thu mu sgaoil às an Arm?"

Thug e sùil oirre agus chrath e a cheann. "Chan eil mi idir cinnteach. Bha mi dà bhliadhna anns an Oilthigh mun do thòisich an Cogadh; dh'fheumainn tilleadh airson bliadhn' eile a chur crìoch air mo chùrsa. Cha bhi sin furasda an dèidh seachd bliadhna air falbh. Chan eil fhios agam. Dh'fhaodte gun till mi don Oilthigh 's dh'fhaodte nach till!" Rinn e maille bheag. "Tha rudan eile agam ri ionnsachadh an toiseach."

"Dè tha sin?"

"Feumaidh mi coiseachd ionnsachadh a-rithist."

"Och, cha bhi thu fada a' dèanamh sin; chì thu nach bi." Bha dearbhadh na guth a thug misneach dha. "An ceann seachdain no dhà bidh thu air do chois agus coisichidh tu - uidh air n-uidh! Cuidichidh mis' thu."

Thàinig an latha sin, mar a thubhairt i. Le prìomh-nurs air aon taobh dheth agus Mòrainn air an taobh eile, agus a làmhan air an guaillean, thuirt a' phrìomh-nurs, "Nise, feuch e; coisich."

Bha an eanchainn aige ag ràdh ri a chois chlì, "Coisich!", ach cha robh a chas a' cluinntinn an òrdaigh, no ma bha cha robh i a' gabhail feairt sam bith, agus cha robh i a' dèanamh ceuma!

Ach gu tilleadh gu far an robh e anns a' chathair-rotha. "Dè nì thu mura till thu don Oilthigh?"

"Chan eil fhios agam. Dh'fhaodte gun ceannaich mi taigh-òsda. A bheil fhios agad càit am faigh mi taigh-òsda air deich tasdain?"

Thug i sad aotrom dha air cùl a chinn; ghàir iad le chèile.

"Tha a' ghrian air falbh a-rithist; a bheil thu blàth gu leòir? Chan eil; tha mi a' faicinn nach eil."

Dh'èirich i, thrus i a' phlaide timcheall air agus thòisich i air a' chathair a phùcadh gu suidheachan eile far am biodh a' ghrian orra a-rithist.

"Nach mi tha fortanach?" smaoinich e, "agus caileag cho tàladhach gam thoirt a-mach anns an uair no dhà a tha saor aice an-diugh!" Ach dh'fheumadh ise tilleadh a dh'obair o chòig uairean gus am biodh e naoi uairean. Saoil am biodh i a' toirt saighdear eile a-mach air latha eile? Cha bhiodh e ceart fhaighneachd dhith; mar sin dh'fhuirich a' cheist na cheann - gun fhreagairt.

"Tha e a' fàs fionnar," thuirt i; agus tharraing i a' phlaide nas dlùithe timcheall air. "Chan eil math dhut am fuachd fhaotainn."

"Bidh mi ceart gu leòir - agus nurs agam dhomh fhìn; agus i bòidheach cuideachd."

Ghàir i gu cridheil. "Sodal, tha mi a' smaoineachadh!"

"Chan e; chan e idir," fhreagair e, "ach an fhìrinn."

"Tha an uair a' ruith," thuirt i; "feumaidh sinn tilleadh don ospadal." As a' mhàileid aice thug i sgàthan beag agus chìr i a falt - ga dhealbhadh le a corragan - agus chuir i oirre a h-ad aig uileann sgeilmeil.

"Faoineas bhan!" thuirt i.

Chaidh mòran ùine seachad mun do dh'innis Mòrainn dha dè a thachair an ath latha an dèidh dha a bhith a-mach anns a' chathair leatha.

"'S ann mar seo a bha!" thuirt i. "Cha robh fhios agad, ach seachdain mun tug mis' a-mach thu, bha Anna (an nurs às an ath bhaile) agus mi fhìn a' bruidhinn ann an cidsin an uard. Bha sinn a' beachdachadh air na saighdearan a bha anns a' chuid againne den ospadal. Seo mar a chaidh an còmhradh:

"'S toigh leam an t-Albannach sin - Alasdair,' thuirt Anna.

'Cùm thusa do làmhan dheth,' fhreagair mise. 'A bheil thu ag èisdeachd, Anna? Cuiridh mi geall gum bi mise a-mach leis mum bi thusa!'

'Ceart gu leòir. An geall: leth-chrùn!' thuirt Anna.

'Tha sin gasda leamsa!' thuirt mise, a' gaireachdainn."

An ath mhadainn an dèidh dha a bhith anns a' bhaile anns a' chathair-rotha, bha Anna is Mòrainn còmhla anns a' chidsin - iad leotha fhèin.

Shìn Mòrainn a-mach a làmh. "Leth-chrùn dhòmhsa, Anna!"

Thug Anna sùil oirre agus gun chuimhne idir aice air a' gheall a bha eatarra. "Carson?"

"Leth-chrùn, Anna; chaidh mise a-mach le Alasdair an-dè!"

"Ciamar? Chan urrainn dha coiseachd fhathast."

Ghàir Mòrainn gu labhrach. "Thug mi a-mach ann an cathair-rotha e!"

A' SIUBHAL AIT'-AOIGHEACHD

Cha robh ach gann seachdain on a dh'fhàg Seumas an dachaigh aige anns a' Ghàidhealtachd, agus a chuir e aghaidh ris a' bhaile mhòr. Bha e dìreach air tòiseachadh aig an Oilthigh; agus bha sin a' còrdadh ris gu math. Ach mo thruaighe! An taigh anns an robh e a' fuireach; bha e glè shearbh dheth cheana - seòmar aige air bheag comhartachd agus, nas miosa uile, fìor dhroch bhiadh.

Aon fheasgar, ghabh e sgrìob a-mach gu taigh Cheit - piuthar a mhàthar. Dh'fhaodadh e a bhith a' fuireach le Ceit agus an duine aice, ach cha robh e airson a bhith le càirdean, ged as e daoine laghach a bha annta. Co-dhiù, thuig Ceit nach biodh feum sam bith ann cuireadh a thoirt dha a thighinn a dh'fhuireach leotha. Bha iadsan a' fàs sean a-nis; bha Ceit fhèin trì fichead 's a còig, agus Rob, an duine aice, bliadhna no dhà nas sine. Bha làn-fhios aice nach biodh iad fhèin agus Seumas, air uairean co-dhiù, den aon bheachd air gnothaichean - gu nàdarra. Mar sin, gheibheadh ise àite comhartail dha nam b' urrainn dhi idir.

Meadhan na seachdaine, thog i oirre don bhaile, pàipear-fheasgair na làimh; bha comharradh aice air trì àiteachan a bha i a' smaoineachadh a fhreagradh. Ràinig i a' chiad sràid; thug i sùil a-rithist air oisinn an taighe aig ceann na sràide - agus sgrìobhte gu h-àrd bha Sràid a' Chreidimh. Choisich i a-sìos mu cheud slat, agus le sùil air an àireamh os cionn an dorais mu coinneamh, thug i slaodadh air a' chlag - clag nach fhaca suathadh de bhrèid o chionn iomadh latha. Dh'fhosgail an doras gu faiceallach.

"Dè do gnothach?" thuirt a' chailleachag, agus leth-shùil aice air Ceit.

"Tha mi air tighinn mu dheidhinn an t-sanais a tha agaibh anns a' phàipear seo - a' tairgsinn aoigheachd."

Chan fhacas mùthadh cho mòr air duine beò.

"O!" thuirt i, "thig dìreach a-staigh, a ghràidh."

Lean Ceit a-staigh i. "Dèan suidhe; bha mise car fada gun èirigh an-diugh. Bidh mi leat ann an tiota." Chaidh a' chailleach gu ceann shìos an taighe, agus bha i a dhà no thrì mhionaidean air falbh. Dè on fhortan a bha i a' dèanamh? Saoil an ann a' rèiteach an t-seòmair a bha i?

"Trobhad, a ghaoil," ghlaodh i ri Ceit.

Tha fhios gur h-ann a' sguabadh a bha i, ach cha deachaidh i fada fon leabaidh leis an sguaban! Cha b' ann an-dè a chaidh na cùirteanan a ghlanadh, no an-uiridh! Bha coltas plucach air an leabaidh. Bhiodh Seumas ag innseadh do Cheit gur h-ann air cabhsair a bha e a' cadal agus ag ràdh rithe gun robh e nas comhartail air Fàsach cruaidh Libia anns a' Chogadh!

Chunnaic Ceit gu leòir cheana - drabhas de dh'àite. Thuirt i ris a' chailleach gun robh àite no dhà eile aice ri fhaicinn; agus mura faiceadh i àite a bu docha leatha, thilleadh i. 'S i nach tilleadh. Cha b'urrainn an fheadhainn eile a bhith na bu mhiosa, bha i cinnteach.

Choisich i gu ruig an ath shràid - Bruthach an Dòchais. Bha an rathad car cas air thoiseach oirre, ach air a socair ràinig i gu h-àrd. Bha coltas nas fheàrr air na taighean seo co-dhiù. Bha gàrraidhnean beaga air an taobh-beòil dhiubh, ach cha robh, anns a' chuid mhòr dhiubh, mòran fhlùraichean a b'fhiach. Ciamar a bhitheadh agus iad cho dlùth air similearan mòra, toiteach a' bhaile?

Bha Ceit a-nis aig an doras. Thug i sùil; 's e Mac an Tòisich a bha air an ursainn. Saoil an ann Gàidhealach a bha iad? Bhuail Ceit air a' ghlacan. Cha mhòr nach do thuit i nuair a dh'fhosgail an doras: 's e ban-Innseanach a bha na seasamh mu coinneamh. Ach, smaoinich Ceit, cha bhiodh ise ach na searbhanta - a' tighinn air chosnadh, fad uair no dhà gach latha.

"Saoil am faod mi bruidhinn ri bean an taighe?" thuirt Ceit.

"O, 's ann rithe a tha sibh a' bruidhinn. Dè bha sibh ag iarraidh?"

Dh'innis Ceit a gnothach.

"Thig dìreach a-staigh, a ghalad! Theid sinn an àird an staidhir."

Aig mullach na staidhre dh'fhosgail i fear de na dorsan. "Seo, ma-tà, an seòmar; chan eil air fhàgail agam ach aon leabaidh." Bha ceithir leapannan anns an rùm.

Bha Ceit na seasamh aig an uinneig; gu dearbh, cha robh mòran cothroim air seasamh ann an àite sam bith eile. Bha an rùm car dorcha agus seann togalach mòr air taobh-cùil an taighe a' cumail dubhair air.

"Cha bhiodh seo ro thaitneach do Sheumas, agus esan cleachdte ri seòmar dha fhèin aig an taigh," thuirt Ceit rithe fhèin.

"Tha triùir a' fuireach agam cheana; tha iad ro thoilichte an seo. Tha fear dhiubh na shaor air bàta mòr a tha iad a' togail; tha fear eile ag obair ann an stòr air choreigin; agus tha an treasa fear - bha esan a' dèanamh rudeigin aig Rèisean nan Con, ach tha e dìomhanach an- dràsda. Balaich laghach, a h-uile gin dhiubh. Tha iuchair fhèin aig a h-uile fear agus faodaidh iad falbh 's tighinn mar a thogras iad."

Ach Ceit! 'S e saoghal ùr a bha an seo dhi an-diugh, ged a bha i air a bhith còrr is deich bliadhna fichead anns a' bhaile mhòr.

"Tapadh leibh," thuirt Ceit, "ach ged tha àite gasda agaibh an seo" ('s i nach robh ga smaoineachadh), cha chreid mi gum freagradh e don bhalach. Latha math leibh." Agus bha Ceit a-mach, agus cabhag oirre a-sìos am bruthach. " 'S truagh leam balach sam bith a bhios a' siubhal àite-fuirich," thuirt Ceit rithe fhèin.

Bha ùine gu leòir aice agus bha an latha grianach, gasda. Ach cha mhòr nach tug Bruthach an Dòchais a misneach uile bhuaipe. Leis na chunnaic i cheana, 's gann a bheireadh i a chreidsinn oirre fhèin nach ann a' bruadar a bha i. Co-dhiù, agus i anns a' chèarn seo den bhaile, bheireadh i sùil air an treasa àite a bha comharraichte aice anns a' phàipear. Sràid no dhà eile, agus bha i a-nis ann an Slighe Dheirc. 'S e seann taighean a bha anns an t-sràid seo, ach on a thàinig i cho fada, bha e cho mhath dhi sùil a thoirt orra. Ghabh i a-null gu taobh eile an rathaid. Dhìrich i aon staidhir agus thug i gnog air an doras.

Dh'fhosgail an doras, agus na seasamh ann bha boireannach mu leth-cheud bliadhna, a falt air liathadh ach a sùilean boillsgeil, bàidheil. Bha blàths na guth agus i ag ràdh: "Dè bhiodh sibh ag iarraidh?"

An dèidh do Cheit innseadh dhi, thug i a-staigh don taigh i. Bha a h-uile àite glan, snasmhor agus an rùm far an robh Ceit na suidhe an-dràsda air àirneiseadh gu blasda, comhartail.

"Nise," thuirt bean an taighe, "bha mise dìreach a' dol a ghabhail cupa tì; am bu toigh leibh cupa leam?"

Ghabh Ceit ris a' bhoireannach gun dàil. Bha i gu math feumach air cupa tì an dèidh cùisean an là an-diugh, agus chòrd e rithe gu math. Bha i toilichte suidhe tacan agus bha cracaireachd thaitneach eatarra.

"Tapadh leibh; 's fhèairrd' mi siud."

" 'S e do bheatha! Tha na sràidean cruaidh air na casan. Nise, trobhad 's bheir sinn sùil air an t-seòmar."

Bha an rùm air an aon ruith ris na chunnaic i den taigh cheana - seòmar taitneach, cuimir, le àirneis freagarrach do leithid Sheumais. Gu dearbh, 's e Seumas a bhiodh comhartail an seo - agus air a dheagh bhiadhadh cuideachd, bha i glè chinnteach. Chòrd iad air na phàigheadh Seumas gach seachdain, agus cha robh sin duilich nas motha; chan e boireannach sanntach a bha innte.

Feasgar Disathairne, thàinig gnog air doras Cheit.

"'S mi tha toilichte t' fhaicinn," thuirt i ri Seumas. "Thig a-staigh; tha naidheachd mhath agam dhut a-nochd."

"Gasda," thuirt Seumas, "ach dìreach mun tòisich sibh, bha mi fhìn fortanach meadhan na seachdaine."

"Dè thachair?" dh'fhaighnich Ceit.

"Dìreach gun d'fhuair mi àite-fuirich cho math 's a tha sa bhaile."

Shuidh Ceit air a' chathair taobh an teine - balbh, 's i a' crathadh a cinn.

DRUIM A' GHEARAIN

Thadhail Calum aig taigh an dotair, agus dh'innis e mar a thachair do Ruairidh.

"Nise," thuirt an dotair, "rach thusa agus faigh ceathrar dhaoine làidir anns a' bhaile." Cha robh Calum fada. Dh'fhalbh an dotair leotha, uidheam-giùlain nan cois. Bha an oidhche aca, ach bha lanntair aig Calum.

Ràinig iad Ruairidh aig bun an Staca; cha robh e duilich fhaicinn gun robh e air a ghoirteachadh gu dona. Bha Saighdear a' mèilich làimh ris. Uidh air n-uidh, cho socrach agus a b' urrainn dhaibh, theirinn iad tron choille. Cha robh iad gun obair.

Bha màthair Ruairidh a' feitheamh riutha - Sìne bhochd, agus i a' dèanamh a culaidh-mhaitheis na deòir a bhacadh.

An ath mhadainn thàinig fios on ospadal - bha druim Ruairidh briste. Bha a mhàthair truagh; cha bhiodh esan aig Colaisde am bliadhna, no dh'fhaodte an ath-bhliadhna, no - agus thàinig dubharadh air a smaointean uile - no gu sìorraidh. An coisicheadh e tuilleadh? Am biodh e na chripleach?

Bha Sine truagh le iomagain - am balach aice daonnan na smaointean. Dh'fheumadh i dol a choimhead air Ruairidh - agus chaidh; agus ged nach b' urrainn dha carachadh anns an leabaidh, bha e ann an sunnd math. Bha ùidh aige anns a h-uile nì mun dachaigh, mun chroit agus mu na beathaichean.

Chaidh na mìosan seachad. Cha do chuireadh dubhadh air spiorad Ruairidh riamh. Mu dheireadh thall, fhuair e air a chois. Ach cha robh a' choiseachd furasda; gu dearbh, 's ann ag ionnsachadh a-rithist a bha e.

An ath latha thàinig athair agus a mhàthair ga fhaicinn. "Ciamar a chaidh dhut an-dè?" thuirt a mhàthair.

"Och," thuirt Ruairidh, " 's ann a chuir mi cuairt no dhà air an ospadal!"

Bha gàire chridheil aige, agus i cho gabhaltach ris a' ghriuthach. Uidh air n-uidh chaidh e na b' fheàrr. Dh'fhàg e an t-ospadal toiseach an t-samhraidh.

Nach e Saighdear a rinn an othail ris nuair a thill e dhachaigh. Bhiodh an cù leis a h-uile car a bhiodh e a' cur dheth.

Aig deireadh an fhogharaidh thòisich e anns a' Cholaisde - airson a bhith na bheat. Bha ceann math air Ruairidh, agus chaidh leis gu sònraichte math aig a' Cholaisde.

'S ann am baile dùthchail anns a' Ghalltachd a thòisich e na cho-lighiche - bailtean-fearainn biadhchar torrach timcheall air. Bha sprèidhean mòra de chrodh-bainne anns a' cheàrn seo agus cha robh Ruairidh na thàmh - a-muigh aig uair sam bith, a latha no a dh'oidhche. Ach bha diubhar air Ruairidh seach iomadh fear eile: bha tuarasdal math aige airson a chuid oibre, ach le mhòr-thlachd innte, dhèanadh e an asgaidh i, nam feumadh e.

Bhiodh Ruairidh a' cur seachad cuid de na làithean-saora aige aig an t-seann dachaigh. Bha Saighdear air fàs sean agus cha robh e a' dèanamh mòran gluasaid às an doras.

Mar sin, aon latha, thog Ruairidh air leis fhèin, agus e a' dol a thoirt sùil air gamhnan a bha aig athair air an fheuraich shamhraidh os cionn na coille. A' tèarnadh, thuit gun tàinig e dlùth air an staca far an do bhrist e a dhruim. Shuidh e air bac aig ìochdar na creige tacan; air latha cho brèagha, bha am feasgar amhailteach siud fad' às.

"Càit an robh thu?" thuirt a mhàthair, air dha tilleadh.

"Bha aig mullach na coille, ach cha deachaidh mi leis an-diugh."

"Cò leis?"

"Le Druim a' Ghearain," thuirt Ruairidh.

Rugadh agus thogadh i air a' chroit seo ach cha chuala i an t-ainm seo riamh. Lìon Ruairidh dà ghlainne agus shìn e tè do a mhàthair.

"Slàinte dhut, a Ruairidh. Druim a' Ghearain! A! tha mi gad thuigsinn."

Ghàir iad le chèile. Agus 's ann gu fìor dhùrachdach a thuirt i, "Slàinte dhut gu dearbh."

AN T-SEALG

"Fiadh à fireach, breac à linne, slat à coille - "

Tha e glè chinnteach gun robh feum aig iomadh Gàidheal, anns na làithean a dh'fhalbh, air na tha air ainmeachadh anns an t-seanfhacal. 'S i a' bhochdainn a bha aca o shean, agus math dh'fhaodte nach ruigeamaid a leas sùil a thoirt ro fhada air ais. Tha gu leòir beò nar measg fhathast air an do bhuail, nan òige, cruaidh-chàs agus ainnis nach fhaicear an leithid an-diugh. Nach iomadh deuchainn a thàinig orra, mun tàinig fiadh à fireach.

Ann am baile anns a' Ghàidhealtachd bha fear (their sinn gur e Seumas a b'ainm dha) a' fuireach, le theaghlach, air croit bheag. Bha obair-latha aige, air thuarasdal, ach cha robh sin ach glè shuarach aig an àm sin. Bha a' chuid mhòr de thaighean nan croitearan air an tughadh agus, a chionn gun robh tugha taic na h-aibhne, cha b'e aon uair a thàinig bradan dhachaigh am measg na luachrach.

Thàinig latha eile - agus oidhche! Bha deireadh an fhogharaidh ann - oidhche bhrèagha, reòthta, agus i soilleir le gealach. Chaidh a h-uile duine ann an taigh Sheumais a laighe, ach cha robh cabhag sam bith air Seumas fhèin. Bha làn-fhios aige gun robh geamair na h-oighreachd a' cumail sùil chaithriseach air leithid na h-oidhche nochd. Dh'fheumadh duine a bhiodh am beachd a dhol gu monadh no abhainn a-nochd a bhith glè fhurachail.

Bha e an dèidh meadhan-oidhche gu math nuair a thog Seumas air a-mach, agus a-suas tron bhaile. Bha brògan mòr' air, agus mar sin chum e ri taobh an rathaid - a-suas thar na drochaid, agus seachad air geata mòr na h-oighreachd. Anns an dol seachad thug e leth-shùil air rathad an Taigh Mhòir; bha e cinnteach gum fac' e coltas duine na sheasamh ann an dubhar a' bhalla.

Chum Seumas roimhe. Na b'fhaid' air adhart sheas e tiota - ag èisdeachd, agus a' coimhead air ais. Cha robh teagamh sam bith ann; cha robh e na aonar air an rathad. An gabhadh e thar an rathaid gu tilleadh dhachaigh? Carson a ghabhadh? Chum e air.

Leth-mhìl' eile agus bha Seumas aig bun a' mhonaidh. Dhìrich e thar a' ghàrradh-crìche agus a-suas taobh an uillt. Cha robh an geamair fada na dhèidh - agus, ri solas na gealaich, chunnaic e gun robh gunna fo sheacaid Sheumais. Bha e ann an deagh shunnd. Cha rachadh aig Seumas air dol às àicheadh an uair seo.

Bha am monadh glè chas. An-dràsd' 's a-rithist shuidheadh Seumas tacan. Le leth-shùil le bruthach, thogadh e am fear eile ga fhalach fhèin bun bruaich no cùl cnocain. Bha sealladh àlainn aig Seumas air gleann a' bhreith - ach cha b'ann ri mòrdhalachd a' ghlinne a bha a ghnothach an-dràsda.

Bha e dà uair sa mhadainn agus e air gualainn na beinne. Chan fhac' e beathach idir. Bhiodh leth-uair fhathast mum biodh e air a' mhullach, agus e cas-bhruthach air thoiseach air. Mu dheireadh ràinig e gu h-àrd agus shuidh e air oisinn creige. Bha e, mar gum b'eadh, a' cumail a shùil ris an taobh tuath, ach cha bhiodh e na aonar fada. Cha robh a-nis ach mu dheich slatan fichead eatarra. Sheas Seumas air mullach na creige. Gu h-ìosal chunnaic an geamair Seumas a' togail a ghunna. Ach cha robh guth aig Seumas air losgadh air duine no beathach. S i a' phìob-mhòr a bh' aige agus e a cheana a' cluich - *Cabar Fèidh!*

AN DA CHOIGREACH

Na shìneadh anns a' bhàta - blàths na grèine air fiodh fodha - bha blàths na chridhe cuideachd. Bheireadh e sùil mun cuairt air - sliabh an dèidh sliabh, gorm-fheurach gu h-ìosal; nas àirde, air dhiubhar dreach, le fraoch; agus gu h-àrd uile, monadh clach-bhruthach, creagach. Mòrdhalachd a' Ghlinne.

Cha robh mòr-fheum air claisneachd an-diugh air latha cho sìtheil. Ach èisd! Cha chualas riamh fuaim cho taitneach - buille-sluaisridh sèimh aig uisge air bàta. Cha robh ann ach sin, ach nach ann an sin a bha am mòr-phailteas. 'S iomadh uair a shuidh e anns an doire os cionn a' bhothain agus a dh'èisd e ri canntaireachd o gach gèig - cho tlachdmhorach - ach cha tugadh sin fhèin bàrr air an uair seo.

Leis na smaointean sin, thuit e na chadal. Nuair a dhùisg e bha a' ghrian car air ciaradh. Thug e sùil. Cha robh e fada on chaolas. Glè thric thigeadh e an seo. Gu h-àrd air mullach a' chnuic, mu choinneamh, bha Taigh an Rubha. Bha e fhèin agus fear an taigh-òsda glè mhòr aig a chèile. Chuireadh e am bàta a-steach gu cladach agus bheireadh e leis a-suas cuid de na ghlac e an-diugh. Bhiodh cracaireachd thaitneach eadar e fhèin agus Seumas Mòr agus gheibheadh esan dram - mar a thogradh e. Thug e sùil air na bha gu slìom, airgeadach an ìochdar a' bhàta. Na creutairean, nach iadsan - cuid dhiubh, co-dhiù - a bha nan deagh chàirdean dha anns an taigh-òsda.

Bhuail am bàta air cladach. Tharraing e na ràimh, thog e leis gràinnein iasg agus leum e air tìr. Shlaod e am bàta gu neo-chùramach às an uisge. Le ceum sgairteil, ghabh e a-suas gu ruig an taighe. Cha robh e ach gann aig an doras nuair a chual' e: "Thig dìreach a-staigh, E'n Beag." (Cha robh sin ach mar frith-ainm air; bha e na dhuine mòr foghainteach.) Seo an fhàilte a chuireadh air - aig cho tric agus a thadhaileadh e. Bha mìos co-dhiù on a thadhail e roimhe. Cha robh gainne cuspair-bruidhne orra - agus, an-dràsda agus a-rithist, bhiodh gàire chridheil aca. Thaom Seumas Mòr dram eile às a' phige. Bha E'n Beag ann an deagh shunnd.

Thàinig gnog chruaidh anns an doras agus a-steach choisich dà dhuine. Thug an dithis a bha a-staigh sùil orra. 'S e coltas dhaoin' - uaisle a bha annta. Chuir fear an taighe fàilte orra. Ghabh E'n Beag srùbag eile.

Bha iad air tighinn air astar agus bha an t-acras orra. Shuidh iad aig bòrd anns an oisinn. Ghlaodh Seumas ri bhean. Ghabhadh iad dram cho fad' 's a bha iad a' feitheamh ri biadh.

Bha E'n Beag - leis an dram mu dheireadh a ghabh e - a' fàs na bu bhruidhniche. Shuidh e na bu tinne air na coigrich. Bha iadsan trang anns a' chracaireachd aca fhèin agus cha robh iarraidh sam bith aca air E'n Beag no a chuid bruidhne. Thionndaidh fear dhiubh ri chompanach agus thuirt e, "Fìor dhrabhas de dhuine" - agus, gu sàmhach, rudeigin eile.

Thog E'n Beag air a-mach. Bha a' ghrian air dol fodha. Choisich e gu cabhagach a-sìos gu ruig a' chladaich. Thug e an aire gun robh a' ghaoth a' tighinn na sgreadan làidir, ach bha esan fìor eòlach air an loch seo, agus cha do chuir sin cùram sam bith air. Ged a bha an speur a' fàs glè dhorcha agus coltas oidhche gharbh am fagas, bhiodh esan air ais na bhothan - tioram agus comhartail - mum bristeadh an stoirm. Ruith e a' chuid mu dheireadh thun a' chladaich agus leum e a-steach don bhàta. Cha robh e ach gann na shuidhe, agus e dìreach a' togail nan ràmh, nuair a thàinig sgal gaoithe cho cruaidh is nach mòr nach do chuir am bàta an car.

Ach bha e eòlach air bàta agus thilg e e fhèin gu aon taobh, agus bha an deuchainn seachad - a h-uile rud gu math. Ach an robh? Ann an tiota bha aon ràmh air chall air agus cho fada on bhàta cheana is nach b' urrainn dha a ghlacadh. Nach truagh an suidheachadh! Bha an làn a' tràghadh agus sruth làidir a' ruith tron chaolas. Cha robh an seo ach an dubh mhì-fhortan. Nam b' ann an rathad eile a bha sruth agus gaoth, bhiodh am bàta air a sguabadh a-suas an loch a dh'ionnsaigh a' chala bhig faisg air an dachaigh aige. Ach mo thruaighe! 'S ann a-mach a bha an giùlan - a-mach, nan leanadh seo, gu cuan. Cha robh nì a b' urrainn dha a dhèanamh.

Thàinig an oidhche - dubh, dorcha - le gaoth agus uisge. Ach ma bha e bog fliuch, bha e misneachail fhathast; bha truimead an uisge a' dèanamh bacadh air a' ghaoth. Cha b'aithne do dh'E'n Beag eagal ro rud sam bith riamh - gus a-nochd; ach a-nochd bha eagal a chridhe air. Ach a dh'aindeoin sin chuir e roimhe gun tigeadh e às, nam b' urrainn dha idir.

'S e sìorraidheachd a bha anns an oidhche seo. Ach mu dheireadh thall thàinig glòmanaich na maidne. 'S e bha toilichte; air sheachran air chuan mar a bha e, 's e rud mì-chàirdeil nàmhaideach a bha anns an dorchadas. Bha an t-uisge air sgur agus a' ghaoth air lùghdachadh. Uidh air n-uidh thàinig an latha agus socair air choreigin. Thug e sùil. Bha gu dearbh, bha Tìr-Mòr fa chomhair, ged air astar fhathast. Gu fortanach, bha a' ghaoth làidir gu leòir agus i ga chumail air adhart. Cha bhiodh gearan gu sìorraidh tuille aige an dèidh cùisean na h-oidhche raoir.

Bha e a' tighinn nas dlùithe air tìr, ach cha robh e a' faithneachadh idir na dùthcha a bha mu choinneamh. Co-dhiù, bha e tèarainte agus cha robh na bheachd ach fìor thaingealachd. Mu dheireadh bhuail am bàta air cladach gaineamhach - camas beag fasgadhach am measg nan creag. Leum e air tìr agus tharraing e am bàta a-suas air a' ghaineamh. Streap e a-suas aghaidh na creige - o bhruach gu bruach - gus an d' ràinig e am mullach. Bha a' ghrian dìreach ag oireadh thar mullach na beinne agus bha a' mhadainn a-nise sèimh, ciùin. Anns an doire faisg air, bha na h-eòin a' ceileireadh gu binn. Cha do chuireadh fàilte nas brèagha air rìgh - agus cha robh rìgh air thalamh an-diugh cho toilichte ri E'n Beag.

Cha robh duine beò timcheall. Le ceum sgairteil ghabh e tarsainn air an raon. 'S e dùthaich bhrèagha a bha an seo gun teagamh, ach bha esan na choigreach. Bha e coma. Chum e air adhart, agus air dha a bhith a' coiseachd, math dh'fhaodte, mìle no dhà, thachair e air cìobair. Chuir e fàilt' an latha air agus thuirt e: "Tha mise air sheachran; càit a bheil mi?"

"Cha b' urrainn dhut a bhith an àite na b'fhèarr na sa bhaile seo - an taobh tuath Eirinn," fhreagair an cìobair.

"Eirinn!" thuirt E'n Beag ris fhèin. Cha mhòr nach do thuit e.

"Dè an cruinneachadh a tha mi a' faicinn?" thuirt e, agus e a' coimhead air daoine a' trusadh ann an dail mun coinneamh.

"O tha," thuirt am fear eile, "tha nighean a' Mhoraire a' tighinn gu aois an-diugh, agus tha latha mòr ri bhith aca aig a' Chaisteal."

Ghabh E'n Beag tron bhaile, agus anns an dol seachad ghabh seann bhoireannach truas ris. Cha bheag an t-acras a bha air agus bha e gu mòr an comain na caillich airson deagh thràth. An dèidh taing a thoirt dhi, chum e roimhe gus an d' ràinig e dail a' Chaisteil.

Bha sunnd gasda air a h-uile duine - iad uile càirdeil, bruidhneach. Cha do ghabh iad suim sam bith de dh'E'n Beag. Ge b'e cò às a thàinig duine air an latha àraidh seo, bha e na aoigh aig a' Mhorair.

Thòisich an spòrs. Bha ruith agus leum ann; a' chlach-neart agus gleac. Ghabh E'n Beag an grèim anns a h-uile nì - agus cha robh e idir fada gus an robh iad a' gabhail beachd air.

"Seall," theireadh fear. "Cò e?" "Tha a' chiad duais aige a-rithist" - ri a chluinntinn thall agus a-bhos.

Co-dhiù, cha b'e daoine mìomhail a bha annta, agus le E'n Beag a bhith trang anns gach co-fharpais, cha tàinig freagairt air a' cheist.

Chaidh an latha air adhart, agus ma chaidh, 's ann na b' fhèarr a bha cùisean a' dol leis. Aig deireadh an latha bha a' chiad duais aige anns a h-uile rud. Cha deachaidh seo às leth tè a bha a' cumail a sùil air na bha a' tachairt.

"Nach gasda, foghainteach an duin' e," thuirt nighean a' Mhoraire rithe fhèin.

Chaidh a thogail air guaillean gu ruig a' Chaisteil. Chuir am Morair fàilte air aig an doras. Ri thaobh bha an nighean aige - àrd, maiseach agus rìomhach. Agus ma bha, thuit sùil E'n Bhig oirre. Chan fhaca e riamh nighean a bu ghlaine.

Choisich iad le chèile a-steach don talla, far an do chuireadh cuirm an òrdagh, agus 's iad fhèin a' chiad fheadhainn a bha air an ùrlar airson an dannsaidh. Cha chluinnte thall agus a-bhos am measg na bha cruinn ach "Nach gasd' a' chàraid sin" no facail air choreigin den t-seòrsa.

Cha robh an ùine idir fada gus an do phòs iad, agus 's ann an sin a bha a' bhanais. Cha robh eadhon cailleach no bodach anns a' bhaile nach robh oirre. An dèidh na bainnse lean a' chuirm - agus cha robh dìth bìdh no deoch ann. Cha dhìochuimhnicheadh muinntir a' bhaile an latha seo air cho fad' agus a bhiodh iad beò. 'S gann a chreideadh e fhèin gum b'esan an duine bochd a thàinig air tìr an seo o chionn dà mhìos. Ach nuair a thug e sùil a-rithist air an nighean bhòidheach thàlaidheach a bha na seasamh ri thaobh, cha robh feum air dearbhadh eile.

Bha E'n Beag pongail, tapaidh mun oighreachd. Air cnoc os cionn a' Chaisteil thog e tùr mòr. A h-uile latha bhiodh e a' gabhail sràid gu ruig an tùir, agus on mhullach bhiodh e a' sealltainn a-mach gu cuan. Bha a' mhuir mar charaid riamh dha, agus ged, air uair, a thilleadh a smaointean don dachaigh ùmhal a dh'fhàg e anns a' Ghleann, cha robh duilchinn idir air gun robh e an-diugh anns an dùthaich seo. Carson, gu dearbh, a bhitheadh!

Thionndaidh e a chùlaibh air a' chuan agus sheall e air fearann torrach, sìolmhor timcheall a' Chaisteil - am fearann aige fhèin a-nis; agus daoine an siud 's an seo ag obair anns na h-achaidhean - na daoine air thuarasdal aige. Ach cha b'e duine sanntach a bha ann.

A' tionndadh leth-shùil ris a' Chaisteal, chunnaic e a bhean a-muigh anns a' ghàrradh - boireannach bàidheil daonntach, agus, mar a bu mhath a bha fhios aige, fialaidh, dèirceach ris gach neach a thigeadh an rathad. Leatha bha dà bhalach agus dà chaileig - gruaidhean dearga fallain aig a h-uile gin. Bha triùir dhiubh aig car-a-mhuiltein agus an leanabh a b' òige ann an achlais a màthar. Gu cinnteach bha e na dhuine fortanach, agus 's math a thuig e sin.

Chaidh na bliadhnachan seachad. Bha ochdnar chloinne anns an teaghlach a-nis agus cha robh droch fhacal aig duine anns a' bhaile orra. Gu dearbh, bha meas mòr orra, ach gu sònraichte air an athair agus am màthair. Air dhaibh a bhith anns a' bhaile, thadhaileadh iad anns na dachaighean aig an tuath gun àrdanachd air bith.

"Cò bh' agad an-diugh?" theireadh bodach.

"O, bha an duin'-uasal e fhèin - fìor dhuin'-uasal. Tha e cho furasda bruidhinn ris; tha, agus rithese cuideachd."

Thachair, aon latha grianach, gun do ghabh E'n Beag sgrìob thun an tùir. Dhìrich e gu socrach a-suas, agus air a' mhullach bha sealladh brèagha aige mun cuairt uile - monaidhean ri chùl agus a' mhuir mu choinneamh. 'S e fìor latha gasda a bha ann agus bha an cuan mar dhail fharsaing - gu luasgach claiseach; agus ri solas na grèine, millean rionnag air uisge - a' dannsadh gu aiteasach. Cha robh ann ach beag gaoithe, agus i a' tighinn car on ear-thuath. 'S iomadh uair a chunnaic e diubhar dreach air a' mhuir air làithean garbha geamhraidh, le tonnan dubh-ghorm mar gum biodh iad a' strì ri chèile - gach tonn ag èirigh mar chnocan, gu buaidh a thoirt air an tè air thoiseach oirre. Bha e mion-eòlach air a h-uile beus agus gluasad aig a' mhuir. Nach tric a sheall e air a neart agus gàbhadh, no aig uair eile, air a sèimheachd agus càirdeas. Cha robh an aon dreach oirre latha seach latha.

Le a shùil gu cuan - dè bha sin? Bha e a' faicinn rudeigin ach cha robh e furasda a thogail cho fada on chladach. Chuir e iongnadh air. Ach bha iomadh sealladh fa chomhair - nas glaine an-diugh, air latha cho àlainn.

An ath uair a leag e a shùil air uisge, thog e a-rithist an rud neònach seo. 'S ann gu tìr a bha e a' tighinn. Sheas e air oir an tùir. Saoil an e bàta a bha ann? An ceann greiseig bha e gun amharas - 's e bàta a bha ann gun teagamh. Chùm e a shùil oirre, agus nuair a bha am bàta mu dhà cheud slat on chladach thuirt e ris fhèin gun tèarnadh e a dh'ionnsaigh na tràighe.

Cha robh e idir fada gus an d'ràinig e "Camas an Albannaich", mar a theireadh e fhèin. Ghabh e a-sìos gu ruig a' chladaich. Da-rìreadh, bàta - agus glè choltach ris a' bhàta a thug do dh'Eirinn e. Nuair a ràinig e gu h-ìosal thug e an aire nach robh anns a' bhàta ach aon ràmh.

"Nise, bha comharradh agamsa an ìochdar a' bhàta. Ma tha e anns a' bhàta seo, 's ann leamsa a tha i, gu dearbh."

Chaidh e air a ghlùinean anns a' bhàta; cha robh an sealladh aige cho math agus a b'àbhaist dha a bhith. Cha tug e idir an aire, nuair a bha e a' coimhead gu faiceallach, gun robh sruth ga ghiùlan a-mach seach an rubha.

"Am bàt' agam fhìn," ghlaodh e agus e a' seasamh. Bha e cho toilichte. Ach a-nis bha e a-muigh on chladach agus an t-uisge domhain. Dh'fheuch e ris a' bhàta a chur mun cuairt ach dh'fhairtlich e air. Saoil an snàmhadh e? Bha e comasach gu leòir air sin, ach bha am bàta mar fhìor charaid dha agus cha robh e a' dol ga call. Bheireadh e a bhean agus a chlann don chamas. Dh'innseadh e dhaibh gum b'e seo am bàta a thug do dh'Eirinn an toiseach e. Ach mo lèir! Bha a' ghaoth air tionndadh ris an iar agus, air cho foghainteach 's a bha e, bha cùisean a' dol na aghaidh. Bha cladaichean Eirinn ga fhàgail. Cha robh e gun mhisneach fhathast, ach leis an oidhche thàinig car de chrìonadh air sin fhèin.

Bha a' ghaoth a' fàs na bu treasa agus an t-uisge a' tighinn na fhrasan garbha. Dìreach a leithid eile de dh'oidhche agus a bha aige o chionn còrr agus fichead bliadhna. Ach thigeadh tilleadh air a' ghaoth; chuireadh i air ais an àiteigin an Eirinn e agus cha bhiodh esan fada a' coiseachd dhachaigh. Sin, agus iomadh smaoin - corra uair dòchasach, corra uair sprochdach - fad na h-oidhche.

Thàinig a' mhadainn - agus leatha, Tìr-Mòr. Anns an sgarthanaich bha tìr fa chomhair - adhbhar thaingealachd gu dearbh. Chan fhada gus am biodh e air ais ann an Eirinn. Ri soilleireachd na maidne thug e sùil mun cuairt air. Bha, gu dearbh; bha e a' faithneachadh na dùthcha mu choinneamh. Eirinn! O Eirinn! Bha dearc na chridhe nach robh na shùil. Bha monaidhean àrda am fradharc - ach monaidhean àraich; monaidhean a' Ghlinne.

Bhuail am bàta air cladach aig ìochdar an Rubha. Leum e aiste agus ruith e ris a' bhruthach. Nuair a ràinig e doras an taighe bha e a' caoineadh: "Dh'fhàg mi bean agus teaghlach an Eirinn; agus mo chaisteal. Och, och!"

Thionndaidh fear de na daoine ri chompanach agus thuirt e, "Bheir fuasgladh dha."

Thuirt an duine a bha na shuidhe mu choinneamh, "Dè an ùine a bha thu an Eirinn?"

"O, bha còrr is fichead bliadhna - agus mo theaghlach ann fhathast."

Thionndaidh am fear eile, agus le smior-ghàire thuirt e, "Cha robh thu air falbh ach tacan beag. Chan eil sinne ach an dèidh crìoch a chur air a' bhiadh a fhuair sinn."

UISGE CHOMHAINN

O ìochdar an talaimh gu cladaichean ghaineimh
Gheibhear uisge a' siubhal gach cuain,
Ach càite am faighear an abhainn, le aighear,
Bhios maireannach leamsa gu buan?
A dùthchannan dhìle tha mòr-uisge Nìle -
Feith bheannaicht' na h-Eipheit - gu sìor,
Mar ìocshlaint don fhàsach chrainntidheach chàsach,
Na bheòshlaint don t-sluagh gu fìor.

Anns an Roinn-Eorpa, le h-uisgeachan leathann
Grad-shiùbhlach gu deas agus tuath,
On ear agus 'n iar, o bheanntan àrd' ciar',
Tro choilltean aosda gu luath,
Gu machair o bheinn, ann am mòr-thìrean cèin'
A chleachd ar cànain cho blasda,
Measg rìghrean is tuath, gu lìonmhòr an sluagh,
Na Ceiltich, len eachdraidh ghasda,

Càit am faighear an t-Uisge tha togarrach boillsgeil,
Sruth brìoghmhòr nan stùcanaibh eagach,
Sna h-Innsean gu lèir, no thar chuain fada siar
An tìr nan Ard-mhonadh Creagach?
Ard-shruthan mòr' measarr', an dùthchannan deasarr',
Grad-thuiteam gu farsaingeachd mhachair -
A dh'aindeoin an ciatachd, am mòr-uisg' 's am meudachd,
Fàgar iad thall, 's tillear dhachaigh.

Anns a' Ghàidhealtachd gheibhear Abhainn Spè is Tatha,
'S Uisge Dheathain a' siubhal gu foillseach
Gu cladach nach tachd, gun feith' no gun bhac',
Nan deann-ruith, glan agus soillseach.
An dùthaich cho lurach, cho toiceileach, torrach,
Am bòidhchead gach aibhne is raoin,
Am measg àirde as àill', 's ann a thilleas gun dàil
Ri gràdhmhorachd Chomhainn mo smaoin.

Nach minig a dh'òl an damh cabrach, le còir,
A leòir dè d'fhìor-uisg' brisgeil;
Chan fhaicear nas brèagh', sàr-bheathach, an triath,
Boillsg-bhusach le d' bhoinnean mir-uisgeil;
A cheann togte gu h-àrd, agus leth-shùil mun cuairt -
Ach tha an rìgh cròiceach na aonar,
A' lùbadh riut fhathast, gu srùbag a ghabhail
Deoch-slàinte dha rithist mum fàgar.

Le biolair fa chomhair, na mhìlse làn-shoghair,
Faodar feitheadh fhathast na chòir,
'S e criomadh gach bileig, maoth-lusach gineig -
Chan iongnadh ged tha e na ghlòir,
Gu sgiobalt' grad-chasach a-suas ris a' bheinn,
Thar chreagan a' siubhal a' mhullaich.
Ach thusa, a Chomhainn, gur cinnteach do roghainn
Air t' aisridh gu gorm-fheurach thulaich.

A' sruthladh nan creag, cho sleamhainnte rèidh,
A thagh thu airson a' chiad chèim -
An-diugh mar a bha o linntean nach cuimhn'
Fada fada mun tugadh dhut ainm;
Gach taobh dhiot na sruthain, o chlì is o dheas
A' cur fàilte ortsa le dàin,
A' taomadh na th' aca, le furan is gàire,
A h-uile a' moladh, 's nach càin.

Aig ìochdar na beinne, 's do chùrsa troimh mhòinte,
Tha am Buachaille Beag mar a bha,
A' riamh toirt dhut taic, 's nach eil sin mar bu chòir -
'S e do thaghadh tighinn seachad mar tha;
Le chèile gach là 's e bhur cùram an treud,
Co-dhiù daimh no aighean no laoigh -
O mhoch gu dubh 's ann a gheibh iad an leòir,
Gach aon dhiubh, mar chreutair, mar aoigh.

Tha thu fàs, a Chomhainn, an glaineid 's am meud,
Le t' uisge glaist' air gach làmh;
Le àrd-chreig is monadh gad fhàgail cho domhainn,
Os do chionn Bodach 's Cailleach a' tàmh.
Leanar a-sìos thu gu ruig na trì Caochan,
Seach Coire Ghabhail chleachd bà,
Sìos seach gach aonach crùlaisteach, corrach,
Is t' fhuaim mar cheòl dhaibh gach là.

An e marbhrann do ghuth, mar leanas do shruth
Taobh nan sgrìodan, an caoineadh a chuala
Aig mnathan is clann de Chloinn Iain sa Ghleann,
Gun ùin' laoich bhith guala ri guala?
Co-dhiù marbhrann no salm no òran a th' ann,
Tha cinnt' gun seinn thu gu bràth
Mun cheannard 's a shliochd, a dhìteadh gun iochd -
Tha thu 'd chuimhneachan orra a ghnàth.

Cha chaillear do mhaise ged 's oillteil na chaise
Aonach Dubh, nach leigear ort grian,
Le Uamh a choisinn, rèir eachdraidh air Oisean,
Ainm cliùiteach mar fhasgadh o shian;
Cho dlùth riut an garbhlach, plucanach, sgàirneach,
Cas-chreagan, gu dubharach gruaimeil;
An Dùbhlachd a' gheamhraidh fras easan le gleadhraich
Nan caoir gheal', dranndanach, ruaimeil.

Seach Stob Coir' nan Lochan agus Bidean nam Beann,
Le sruthain cho fuar o na h-àirdean,
A' taomadh le bruthach, le clagarsaich shubhach,
'S nach dèan maille - nach iadsan do chàirdean?
Tha monaidhean mòrdha is stùc-bheannaibh àrd'
Agus coireachan feurach a-bhàn,
Len uillt monmharach tormanach, ùr-uisg' nam fuaran,
A' toirt urraim dhut - èisd ris an dàn.

Thar chloich' agus chreig', tha t' uisge gun tilleadh,
'S do thuras gu bunailteach buan
A' siubhal, a' siubhal, gun sgìths, gun diughal,
Gu h-adhartach a dh'ionnsaigh a' chuain.
Chìthear gu cinnteach nad linneachan shoilleir',
No theagamh aig ìochdar an eas',
Am bradan - sin e! - gun strì thar a' mhullaich;
Mìorailt - chan eil ann dha ach cleas.

Sìos còmhla riut fhathast, gu fars'neachd a' Ghlinne,
'S tu trusadh fa-dheòidh o gach sruth,
O Ghleann Leac na Muidhe, àite-còmhnaidh Mhic Iain,
Ainm maireannach fhathast an-diugh;
Meall Mòr nan damh riabhach, treud-chaorach, feurach
Mu choinneamh Sgurr na Fèinne na chruth;
Cho eireachdail gasda ri amharc 's ri chantainn,
Sgurr na Cìche, le mhaise 's le shruth.

Gu h-ìosal ri d'thaobh crodh adhairceach is maol
Ag ionaltradh srath Lic an Tuim -
'S iomadh buachaill', tha fhios, a sheall ort le meas;
Ar leamsa, le bàidh thugadh suim.
Chithear thall ort fhathast, ri taic Tom an t-Sabhail,
Doire challtainn gu gagaineach chnò;
Allt a' Mhuilinn gu mireil, gu tlachdmhorach, cridheil
Grad-ruith riut, gu nàdarr', gun ghò.

Tha na garbh-chrìochan àrd' a-nis air do chùl,
Do cheòl gu ruig deireadh an rann;
Le mùthadh nad mhànran, thu gu socrach a' triall
Eadar bhruach, measg dhoire is chrann;
A' siaradh an t-srathain, a chleachdadh an iomain
Eadar ghaisgich bha ainmeil, gun sgàth -
'S iad bha sgairteil, tha thusa nad fhianais gu deòin
Gur ann aca bha bhuaidh iomadh là.

Tro choille is bhac, feadh thulaich is ghlaic,
Seach chroitean bha torrach nar linn,
Cloinn Dòmhnaill, Cloinn Eanraig 's Cloinn Aonghais a-mhàin
A' tàmh air do bhruachan cho grinn;
Anns a' chroiteag ud shuas bha Clach Eanraig le truas
Ag èisdeachd bàirlinn dor daoine,
'S i fhathast a' lorg gun do mhurtadh gu borb
Ar sinnsirean - 's goirt bha an caoineadh.

A Chomhainn, a ghràidh, cò nach toireadh dhut bàidh,
Gu h-inntinneach cluinnear do chrònan,
Thar chlach a' plubartaich, cuairt chreagan a' glugarsaich,
Srùthladh phreas is chòinnich is ghleòrann;
Tha an Earbag bheag bhòidheach a' tadhal corra uair ort,
Ged tha sruthain an doire nan eun,
A cluas bheag bhiorach 's i togte gu fireach,
Mar chromas gu gradcharach dian.

Tro fheàrna is uinnsean is mòr-chrannach fhaidhbhil'
Gathan grèine a' dannsadh ri d' chaithream
Air ghèig, measg mheangan, mar cheilear co-ionann,
Gu h-aighearach ceòlmhorach faram;
Faicear gach leac agus cnocan is àilean -
'S i a' Ghàidhlig a chleachd iad riamh;
An seo Stac a' Chlamhain, an siud Làraich Mhàrtainn,
Tom nan Dearc 's Tom na Crìche gu liath.

Shuas ort Far' nan Duilleag 's Tom a' Chearcaill a-bhàn,
A' Phàirce Ghiuthais, is Cnocan an Eas,
Clach bhru'ch nan srùthlag, far an togadh nan glumag
Nuair bhith saodach nam bò, b'e ar cleas.
Staca Beag, Staca Buidhe, Staca na Craoibh-cuilinn,
Ruith an Amair 's Blar a' Bhiorain na chòir,
Tom na Feòla 's a' Ghlaic, Tom na Saigheid 's gach bac,
Is Cùl an Ionbhair, Coille an Tòirr.

Seachad orr' uile, gu gluganach mireanach,
Luinneagach, a' spòltadh nan creag,
'S tusa Comhann, gu dàn a' ruith an Eas Bhàin -
Tha do ghuth fìor ionmhainn, 's cha bheag.
Don linne mu dheireadh, 's gu sàile air adhart -
Tha ar turas le chèil' aig a cheann,
Fhìor-uisg' a' Ghlinne, a' sìor ruith le binne
O àrd-fhuarain nan sàr-àrd-bheann.

COMHRADH ANNS AN TEAGHLACH

Athair: IAIN   **Màthair:** SINE

Nighean: MAIRI   **Mac:** ALASDAIR

Tràth sa mhadainn

SINE	Dè 'n uair a tha e, Iain?
IAIN	Tha e deich mionaidean gu seachd.
SINE	S fhèarr dhuinn èirigh.
IAIN	Tha mi fhìn gu math sgìth. Dh'fhuirich Dòmhnall is Peigi cho fada a-raoir.
SINE	Dh'fhuirich, ach tha iad laghach le chèile. Bha e dà uair sa mhadainn nuair a dh'fhalbh iad.Ach bha e inntinneach a bhith a' cracaireachd riutha.
IAIN	*(a' coimhead a-mach air an uinneig):*
	Tha sneachd againn an-diugh; tha mi cinnteach gu bheil trì òirlich ann.
SINE	Tha e air tighinn tràth am bliadhna.
IAIN	'S math gu bheil teas againn tron taigh. Cha bu toigh leam dol air ais gu aon teine guail mar a b' àbhaist a bhith againn.
SINE	Cha bu toigh l'. Tha comhartachd againn an-diugh nach robh aig ar pàrantan. A bheil cuimhn' agad nuair a bha sinn a' fuireach le t' athair 's do mhàthair - ann an 1966, tha mi a' smaoineachadh? Bha na pìoban air spreaghadh bha an reothadh cho cruaidh; cha b'urrainn dhuinn teine a chur air fad trì làithean gus an tàinig plumair. O! tha mi air chrith leis an fhuachd fhathast dìreach a' smaoineachadh air!

IAIN	O, tha! Tha cuimhn' agam glè mhath - fìor dhroch gheamhradh da-rìreadh; cha robh uisg' aca fad ceala-deug ann an Taigh-òsda a' Ghlinne, ach bha uisge-beatha gu leòir aca! Theireadh cuid de dhaoine nach eil mòran cèarr air suidheachadh mar sin!
SINE	*(anns a' chidsin):*
	Tha e seachd uairean. An cuir thu air an rèidio, Iain? Tha e uair nan naidheachdan. An cuala tu sin, Iain? Nach truagh an saoghal a th'againn. Nach uabhasach an dìol a tha air daoine. Cha bu toigh leam a bhith a' fuireach ann an Ruisia.
IAIN	Eisd! Nach uabhasach an tubaist ud: sianar marbh ann an dà chàr air an rathad eadar Sruighlea agus Glaschu - deigh air an rathad.
SINE	Mo thruaighe! Cupa tì eile, Iain! Càit am bi thu ag obair an-diugh?
IAIN	Chan eil mi cinnteach; tha e a rèir ciamar a tha na rathaidean.
SINE	Am bi thu anmoch a' tighinn dhachaigh?
IAIN	Cha bhi a-nochd.
SINE	A bheil thu air do chois, a Mhàiri? Tha e gu bhith ochd uairean. *(Gnog air doras Alasdair)*: A bheil thusa air do chois, Alasdair? Tha am braiceas gu bhith deas. Eirich a-nise. Bha thu air dheireadh airson na sgoil an-dè. Eirich! A bheil thu gam chluinntinn? Eirich!
ALASDAIR	Càit a bheil mo lèine?
SINE	Cuir lèine ghlan ort an-diugh.
MAIRI	Am faca sibh mo chìr?
SINE	Chan fhaca. Thig an seo agus gabh do bhraiceas, a Mhàiri.

ALASDAIR   Càit a bheil am bainne?

SINE   Feumaidh tu tì dhubh a ghabhail an-diugh; cha robh boinne bainne anns a' bhùth an-dè.

ALASDAIR   Sìn a-nall an siùcar, a Mhàiri.

MAIRI   Cò an tidsear a bha agad airson Fraingis an-dè?

ALASDAIR   Na toir guth air Fraingis riumsa, a Mhàiri. Cha toigh leam a' chailleach ud idir. Agus Fraingis! Coma leam e; b'fhèarr leam Gàidhlig. Carson nach eil a' Ghàidhlig anns an sgoil againne?

MAIRI   Och, tha Fraingis ceart gu leòir.

ALASDAIR   A bheil! Dìreach cànain nan snobs! Bidh mise a' fàgail a' chlas Fraingis deireadh na bliadhna; cha tig an latha sin luath gu leòir dhomh. Beannachd leat, a chaillich!

MAIRI   Tha Fraingis feumail.

ALASDAIR   Carson?

MAIRI   Tha i feumail co-dhiù; tha fhios aig a h-uile duine gu bheil.

ALASDAIR   Tog ort! Nach tu an snob, a Mhàiri! Bha Fraingis agad fad còig bliadhna agus dè thachair nuair a chaidh thu do Pharis an-uiridh? Còig bliadhna, a Mhàiri, ach cha do thuig na Frangaich facal a thuirt thu! Còig bliadhna, a Mhàiri, agus Beurla ann am Paris!

SINE   Sguir dheth, Alasdair, agus thig an seo agus tiormaich na soithichean. Tha cabhag ormsa an-diugh.

Ochd uairean feasgar - a' cheart latha

IAIN	'S math a chòrd an dìnnear rium, a Shìne; 's mi tha toilichte gun do phòs mi thu seach Mairead Mhòr. An oidhche roimhe thadhail mi oirre 's fhuair mi suipear. O! Bha na sgonaichean aice cho righinn. Thairg i pìos cèic dhomh ach dhiùlt mi e. Tha mi a' smaoineachadh nan robh e coltach ris na sgonaichean gum feumainn Black and Decker!
SINE	A! Bha sùil agad air Mairead cuideachd nuair a bha sinn còmhla san sgoil. Ach tha mi a' tuigsinn - chan e "'S toigh leam Sìne" no "Tha gaol agam air Sìne" ach "'S toigh leam a còcaireachd"; dìreach sin!
IAIN	Och! Bi falbh; tha Mairead laghach gu leòir, ach tha Sìne agam fhìn gu math nas laghaiche.
SINE	Seo Màiri is Alasdair a' tighinn.
IAIN	Càit an robh iad gus an seo?
SINE	Bha iad trang anns an sgoil - a' deasachadh airson Pàrtaidhean na Nollaig air an ath sheachdain.
MAIRI	'S ann orm a tha 'n t-acras.
ALASDAIR	Tha 's ormsa; dh'ithinn bonn bròige!
IAIN	Bu chòir dhut sgonaichean Maireid Mhòir fheuchainn!
SINE	Suidhibh aig a' bhòrd; feumaidh gun robh sibh trang, gu dearbh. A bheil a h-uile rud deas agaibh airson na Nollaig a-nis?
MAIRI	Tha; am faigh mi dreas ùr airson a' Phàrtaidh? Tha Mòrag is Ceit a' faighinn dhreasaichean ùra Disathairne. Tha màthair Ceit a' dol leotha do Ghlaschu.

SINE   Bha dreas ùr agad an-uiridh, nach robh?

MAIRI   Bha, ach tha e air dol à fasan; agus co-dhiù, 's e gorm is buidhe dathan na bliadhna seo.

SINE   Oigridh an là an-diugh! Co-dhiù, tha agam ri dol do Ghlaschu airson rud no dhà eile 's chì sinn dè tha aig 'Young Miss'.

ALASDAIR   A bheil obair-sgoile agad airson a-màireach, a Mhàiri?

MAIRI   Chan eil ach Fraingis; tha sgeul bheag agam ri sgrìobhadh.

ALASDAIR   Thuirt mi riut nach toigh leam a' chailleach ud idir. Bhiodh e na b'fhèarr dhi dol a dh'fhuireach san Fhraing. Tha i cho reamhar cuideachd; nach ann an sin a bhiodh an sealladh agus i a' roladh a-sìos an Champs-Élysées! Saoil an rachadh aice air dol tron Arc de Triomphe?
O! tha sin a' toirt nam chuimhne sanas a chunnaic mi ann an togadair ann am bùth sa bhaile - "Rùm airson sia." Sgrìobh cuideigin fo sin "no aon seinneadair Obara!"

MAIRI   Na bi cho mosach, Alasdair. 'S e tidsear math a th' innte; 's toigh leamsa i.

ALASDAIR   O! a bheil fhios agaibh air an rud ùr a th' aca san sgoil am bliadhna: tha ainm aon duine air a tharraing airson gach bliadhna agus leis an sin gheibh duine cothrom air bruidhinn ris a' Mhaighstir-sgoil fad leth-uair air rud sam bith a tha e a' smaoineachadh a chuidicheas an sgoil. 'S e m'ainm-sa a bha air a tharraing airson na Dàrna Bliadhna.

SINE   Cha chualas guth idir air an seo gus an dràsda.

ALASDAIR   Cha robh cuimhn' agam air innseadh dhuibh. Bha fhios agam o chionn seachdain. Bha mi

a' bruidhinn ris a' Mhaighstir-sgoil an-diugh
sa mhadainn.

MAIRI   Cha duirt thu guth riumsa nas motha. Dè bha thu
               ag ràdh ris?

ALASDAIR   Bha mi ag ràdh rud no dhà ris - nach bu chòir
               dhuinn a bhith ach ceithir làithean san sgoil anns an
               t-seachdain, coltach ris an iarrtas aig daoine anns na
               factaraidhean; agus gum bu chòir cofaidh is
               briosgaidean a thoirt dhuinn aig aon uair deug.

MAIRI   Sguir dheth! Dè thuirt thu ris?

ALASDAIR   Dh'fhaighnich mi dheth carson nach robh
               a' Ghàidhlig againn anns an sgoil mar a tha
               cànainean eile.

MAIRI   An do dh'fhaighnich thu sin?

ALASDAIR   Tha fhios gun do dh'fhaighnich; nach eil mi air a
               bhith ag ràdh sin riut o chionn fhada.

MAIRI   O, tha! ach ga ràdh ris a' Mhaighstir-sgoil - 's e
               diubhar rud tha sin!

ALASDAIR   Co-dhiù, dh'èisd e rium; bha e laghach rium agus
               thuirt e: "Tha mi ag èisdeachd; rach dìreach air
               aghaidh agus innis dhomh do smaointean air
               a' ghnothach."

SINE   An dubhairt, gu dearbh?

ALASDAIR   'S e thubhairt. Bha car de dh'eagal orm nuair a
               chaidh mi a-staigh an toiseach, ach fhuair mi
               misneach 's thuirt mi rium fhìn: "Seo do
               chothrom, ille!"

MAIRI   'S gann as urrainn dhomh sin a chreidsinn.

ALASDAIR   Faodaidh mi stad, ma-tà, mur eil thu gam chreidsinn.

MAIRI   O, na stad! Cùm ort. Dè eile?

ALASDAIR   A-nise, mun do stad thu mi cho mì-mhodhail, a

Mhàiri; am faod mi tòiseachadh a-rithist?

MAIRI   Faodaidh, agus greas ort.

ALASDAIR   Dìreach air do shocair, a Mhàiri; nach tu tha
nad chabhaig a-nise! Thuirt mi ris gun robh mi
a' smaoineachadh gun robh e nàrach nach robh
a' chànain air a tairgsinn an seo anns an sgoil
againn - sgoil le ainm a thàinig on Ghàidhlig.

MAIRI   Dè thuirt e riut an sin?

ALASDAIR   Cha dubhairt dad; bha e dìreach ag èisdeachd.
Chaidh mis' air adhart: "Bhiodh Bealach Mòr gu
math nas fhèarr na Ballochmore; co-dhiù, tha
a' chuid mhòr de na h-ainmean timcheall an àite
seo anns a' Ghàidhlig; no thàinig iad on Ghàidhlig.
Mar sin, carson nach biodh eòlas aig na sgoilearan
air dè tha na h-ainmean a' ciallachadh?" Bha mi
a' faicinn gun robh e ag èisdeachd ris na bha mi ag
ràdh; ach chan e sin a-mhàin - bha e a' cromadh a
chinn an dràsd' 's a-rithist mar gun robh e car ag
aontachadh leis na bha e a' cluinntinn. Rud eile a
thuirt mi ris cuideachd: "Tha mo phiuthar ag
ionnsachadh Fraingis - a bheil fhios carson?
Chan eil fios idir aice fhèin dè tha i a' dol a
dhèanamh leis."

MAIRI   Cha bu chòir dhut a bhith air sin a ràdh ris.

ALASDAIR   Thuirt mi tuilleadh na sin. Thuirt mi ris gun robh thu
a' smaoineachadh air a bhith nad dhotair agus gun
robh mi glè chinnteach nach ann am measg nam
Frangach a bhiodh tu ag obair.

SINE   Tha mi 'n dòchas nach robh e den bheachd gun robh
thu ladarna.

MAIRI   Tha mise a' smaoineachadh gun robh thu gu math
ladarna, Alasdair.

ALASDAIR   Cha robh no ladarna! Gu dearbh (*agus gàiridh*

Alasdair), bha mi den bheachd tacan gur mi fhìn am Maighstir-sgoil agus gum b'esan an sgoilear! Tha deagh chuimhn' agam air latha eile a bha mi san oifis aige - an latha a bhrist mi uinneag na h-oifis aige agus mi a' cluich le ball far nach bu chòir dhomh a bhith. Cha robh e idir toilichte - gu dearbh, bha e feargach agus leig e fhaicinn dhomh gun robh. Ciamar nach bitheadh? 'S e latha fuar geamhraidh a bh' ann le sneachd, agus clèiteagan a' frasadh air an deasg aige!

SINE Dè 'n ùine a bha thu a-staigh leis uile gu lèir - a' bruidhinn air dìth Gàidhlig anns an sgoil aige?

ALASDAIR Leth-uair, tha mi a' creidsinn. Sheirm am fòn agus chuir sin stad air a' bhruidhinn.

MAIRI Cha tig dad às co-dhiù, Alasdair.

ALASDAIR Nach tus' tha cinnteach 's tu cho fiosrach, a Mhàiri!

SINE Dè 'm feum a dhèanadh a' Ghàidhlig dhut co-dhiù, Alasdair?

ALASDAIR Nach truagh mi leibh; tha sibh cho seann-fhasanta ris na daoine a tha ann an Oifis an Fhoghlaim; ach tha iadsan nas miosa agus iad cho aineolach.

SINE Chan fhaod thu a bhith a' bruidhinn mar sin, Alasdair.

ALASDAIR Anns an dealachadh thuirt am Maighstir-sgoil rium: "Tillidh tu a-rithist agus bruidhnidh sinn fhathast air a' ghnothach seo - air an ath sheachdain; cuiridh mi fios ort, 'ille."

SINE Càit an deachaidh Màiri?

ALASDAIR Tha Fraingis aice airson a-màireach!

Oidhche na Callainn - aig àm suipeir

IAIN   Cha robh a' bhliadhna fada a' dol seachad; chan eil
                  ach uair no dhà dhith air fhàgail.

SINE   Chan eil gu dearbh; agus cha robh i ro mhath thall
                  's a-bhos feadh an t-saoghail - ar-a-mach no murt
                  ann an iomadh ceàrn. Corra uair tha mi den bheachd
                  gum b'fhèarr gun a bhith 'g èisdeachd ris na
                  naidheachdan idir.

IAIN   Ach ciamar a bhios rìoghachdan rèidh agus sinn
                  a' faicinn choimhearsnach an seo fhèin nach eil ach
                  a' trod gun stad?

SINE   Tha thu làn-cheart, Iain; chan eil mi fhìn gan
                  tuigsinn idir. Seall air na Caimbeulaich agus na
                  Robasdanaich taobh thall na sràide. Bha iorghail
                  uabhasach aca an oidhche roimhe; agus tha e air a
                  bhith mar sin an-dràsd 's a-rithist o chionn trì
                  bliadhna - còmh-stri gun stad, agus gun fhios carson.

IAIN   A bheil thu 'g iarraidh fìon, a Mhàiri?

MAIRI   Tha, tapadh leibh.

SINE   A Mhàiri, glaodh ri Alasdair gu bheil an t-suipear air
                  a' bhòrd. Dè tha ga chumail?

MAIRI   (*a' fàgail a' bhùird*): Alasdair! Dèan cabhag; tha sinn
                  a' feitheamh riut.

ALASDAIR   Tha mi a' tighinn.

SINE   Dè bha gad chumail? Tha an t-acras oirnne.

ALASDAIR   Shrac mi mo bhriogais air tarrang a bha air ursainn
                  an dorais. 'S math nach i a' bhriogais ùr agam a
                  bh'ann.

IAIN   Tha am fìon seo glè mhath. Càit an d'fhuair thu
                  e, a Shìne?

SINE	Ann am bùth Iain Phàraig. Chan eil bùth eile anns a' bhaile cho math; cha chùm Pàraig fìon saor.
IAIN	Dè phàigh thu air?
SINE	Bha am botal dìreach beagan is ceithir notaichean; ach chan eil Oidhche na Callainn a' tighinn ach uair sa bhliadhna.
IAIN	Ceart gu leòir; tha e math da-rìreabh, agus tha na bonnaich sin blasda, a Shìne. 'S gasda leam fhìn feidheil. Tha sin a' toirt nam chuimhne triop a bha mi 'n Glaschu. Thadhail mi ann an taigh-òsda airson tràth-bìdh. Bha feidheil air a' chairt agus smaoinich mi gun gabhainn e. O, ach cho righinn 's a bha e! Righinn, ach 's e mo bheachd gur e fiadh glic a bh' ann. Sheachain am beathach sin am peilear fad mòran bhliadhnachan, tha mi glè chinnteach!
ALASDAIR	Dh'fhaodte gu bheil feum agaibh air fiaclan ùra. Chan e dìreach na fèidh a tha a' fàs sean!
IAIN	(*le smir-ghàire*): Dh'fhaodte gu bheil sin ceart, ach faodar aon rud a ràdh mu dheidhinn nam fiadh co-dhiù: chan eil iad ladarna!
SINE	Thoill thu sin, Alasdair! Cha bheag na fhuair sinn de Chairtean Nollaig am bliadhna. Nam biodh spiorad na Nollaig aig daoine fad na bliadhna.
MAIRI	Nam bitheadh, gu dearbh.
ALASDAIR	Nam bitheadh, dè dhèanadh Ceit Chaimbeul agus Mairead Robasdan agus gun reusan troid aca? Cha bhiodh adhbhar dhaibh a bhith beò idir!
MAIRI	Na bi cho searbhasach, Alasdair.
IAIN	An lìon mi a' ghlainn' agad, a Shìne?
SINE	Gasda! 'S e deagh fhìon a th' ann.
MAIRI	A bheil dad as fhiach air an telebhisean a-nochd?

ALASDAIR Càit a bheil an Radio Times? A bheil fhios aig duine? Càit a bheil e, a Mhàiri - an do chuir thu a-mach e leis na pàipearan eile?

MAIRI Cha do chuir; carson a dhèanainn sin?

IAIN Seo pàipear an là an-diugh. Bidh sin a cheart cho math.

ALASDAIR Tha cèilidh aca air an dà thaobh - a' tòiseachadh aig leth-uair an dèidh aon uair deug. Tha mi 'n dòchas gum bi iad nas fhèarr nas àbhaist dhaibh a bhith - aig a' BhB.C. agus aig STV cuideachd. Cèilidh, tha iad ag ràdh, ach tha mi glè chinnteach nach bi aon òran Gàidhlig air na prògraman. 'S ann a shaoileadh duine nach buineadh a' Ghàidhlig do dh'Albainn idir. Dh'fhaodte gum bi òrain Fhrangach aca, a Mhàiri. Dè am facal a tha aig na Frangaich air cèilidh, a Mhàiri?

MAIRI Chan eil cuimhn' agam an dràsda, ach bha mise aig cèilidh ann am Marseilles an-uiridh agus chòrd e rium gu math.

IAIN Sìn a-nall am pàipear, Alasdair.

SINE Tuilleadh tì - duine sam bith?

MAIRI Gabhaidh mise cup' eile, tapadh leibh.

ALASDAIR Agus mise cuideachd, tapadh leibh.

IAIN Tha mi a' faicinn gun robh Coisir Cholaisd' an Rìgh ann an Cambridge a' seinn charoilean air an rèidio an-diugh. Tha mi duilich nach cuala mi iad; tha iad sònraichte math - guthan nam balach cho tàladhach. Tha mi a' faicinn cuideachd gum bi ceòl Strauss a'tighinn à Vienna a-màireach. Feumaidh mi èisdeachd - fior orcastra math; tha iad air Telebhisean a' Bh.B.C.

SINE An d' fhuair a h-uile duine gu leòir?

UILE	Fhuair.
IAIN	Dè 'n uair a tha e?
MAIRI	Tha e fichead mionaid an dèidh deich.
SINE	A bheil fhios cò thig air chèilidh oirnn an toiseach an dèidh mheadhan-oidhche? Dh'fhaodte Dòmhnall is Peigi.
MAIRI	Tha mi 'n dòchas gun tig iadsan an toiseach - tha falt dubh air Dòmhnall!
SINE	'S e bh' againn an-uiridh; agus gu dearbh bha bliadhna mhath againn, le soirbheachadh math air a h-uile gin dhinn; tha mi 'n dòchas gum bi an ath bhliadhna a cheart cho math. Faodaidh sinn a bhith taingeil gun teagamh.
IAIN	A bheil cuimhn' agad, a Shìne, air àm na Bliadhn' Uire nuair nach robh thu ach glè òg?
SINE	Tha; tha cuimhne ghasda agam; cha bhithinn, dh'fhaodte, ach mu cheithir bliadhna a dh'aois. Bha gramofon anns a' phreas - 'His Master's Voice', tha mi a' smaoineachadh. Thug sinn a-mach e. Bha reacord no dhà againn - ceòl dannsaidh le Jimmy Shand. Bha mi air a bhith nam chadal ach dhùisg mi, agus fhuair mi cead èirigh. Bha an taigh làn. Nuair a bhuail e meadhan-oidhche dh'èirich a h-uile duine nan seasamh agus "Slàinte Mhath" aca uile. Mionaid no dhà agus bha Còmhlan-ciùil Jimmy Shand a' cluich. Dh'èirich càraid no dhà a dhannsadh; cha robh àite air an ùrlar airson duin' eile. Chan fhaca mise an taigh againn riamh cho làn. Cha robh mise fad' air mo chois an dèidh sin, ach nuair a dh'fhalbh mi a laighe cha robh guth aig duine sam bith air falbh dhachaigh. Dhùisg mi aig seachd uairean sa mhadainn, agus nuair a dh'èirich mi bha Dòmhnall is Peigi agus m' athair 's mo mhàthair a' cracaireachd agus iad ag òl tì!

IAIN	Dè 'n uair a tha e a-nis?
SINE	Tha e còig mionaidean fichead an dèidh aon uair deug; chan eil mòran den bhliadhna air fhàgail a-nis. A bheil thu 'g iarraidh dram, Iain?
IAIN	Tè bheag, ma-tà, a Shìne. A bheil thu-fhèin airson tè?
SINE	Chan eil an dràsda, Iain. Gabhaidh mi cupa cofaidh.
IAIN	Cuin a tha na sgoiltean a' fosgladh an dèidh na Bliadhn' Uire?
MAIRI	Air an naoidheamh latha den mhìos - Diluain; 's beag orm a bhith a' dol air ais Diluain an dèidh nan làithean-saora; tha e a' fàgail na seachdain cho fada.
ALASDAIR	Chan eil na làithean-saora fada gu leòir. Bu chòir mìos a bhith againn.
IAIN	Bi falbh! Cha robh agaibh ach pàrtaidhean fad seachdain mun do dhùin an sgoil.
ALASDAIR	Tha fada tuilleadh againne ri dhèanamh na bha agaibhse nuair a bha sibhse anns an sgoil.
IAIN	(*a' gàire gu cridheil*): Eisd ris an truaghan bochd; nach e tha air a chlaoidh! Bha mise a' coiseachd trì mìle don sgoil anns an robh mi, dè sam bith sìde a bhiodh ann; agus cha robh sinn nar tàmh nuair a bha sinn innte.
MAIRI	Alasdair, cuin a tha thu ri dol a bhruidhinn ris a' Mhaighstir-sgoil a-rithist mu dheidhinn Gàidhlig anns an sgoil?
ALASDAIR	O! Diardaoin an dèidh dhuinn tilleadh.

MURT GHLINNE COMHAINN (1692)

B'e fìor dhroch gheamhradh a bha air a bhith aca anns a' Ghleann agus air an oidhche seo bha an t-sìde garbh, sneachdail, le cur is cathadh. Ach bha muinntir a' Ghlinne comhartail gu leòir anns na taighean-còmhnaidh iriosal a bha aca; cha robh eòlas aca air na b'fhèarr. Aig an àm seo bha iad a' toirt aoigheachd do chompanaidh de shaighdearan an Riaghaltais a bha air an tuineachadh orra; bha e na chomain orra seo a dhèanamh o àm gu àm. Co-dhiù, cha robh dùil gum biodh na saighdearan fada leotha, oir dh'innis an Comanndair, Caimbeulach Ghleann Lìobhann, dhaibh nach robh iad ri bhith an seo ach beag ùine; cha robh àite-fùirich ann dhaibh an dràsda, thall anns a' Ghearasdan.

Rè na h-aimsire on a chrùnadh Uilleam na Rìgh, bha na fineachan Gàidhealach fhathast dìleas do Rìgh Seumas anns an Fhraing. An dèidh Cath Coille Chnagaidh (1689) thugadh cuireadh do na Gàidheil crìoch a chur air an strì; mar sin gheibheadh iad urras airson oilbheim sam bith a rinn iad roimhe sin. Dh'fheumadh iad seo a dhèanamh ro Latha na Bliadhn' Uir', 1692. Bha cuid de na Ceannardan car aindeonach a leithid seo a dhèanamh. Bha seo furasda a thuigsinn, oir cha b'e seo an seòrsa rìgh a bu mhath leotha idir. Dh'fheith Mac Iain Ghlinne Comhainn gus na làithean mu dheireadh den bhliadhna ach bha e a-nis a' faicinn nach robh dol às aige. Mar sin, gun toileachadh mòr sam bith dh'èirich e agus thog e air don Ghearasdan airson an ùmhlachd aige a thoirt do Chòirneal Hill; ach nuair a ràinig e, thuirt Hill ris nach robh ùghdarras aigesan a leithid a ghabhail bhuaithe - gum feumadh Mac Iain dol do dh'Inbhir Aora far am biodh Iar-Shiorram a b' urrainn sin a dhèanamh; bha sin mì-fhortanach, gu dearbh, oir b'e seo an latha mu dheireadh de 1691.

Nach truagh an suidheachadh a bhuail air Ceannard Ghlinne Comhainn; cha robh nì a b' urrainn dha a dhèanamh ach aghaidh a thionndadh ri Inbhir Aora, baile nan Caimbeulach. Thug Mac Iain leis duine no dhà o bhaile na Càrnaich. Bha iad cleachdte gu leòir ri sgrìoban gu math fada, ach cha bheag an t-allaban a bha air thoiseach orra an-dràsda; ach cha b'e astar a-mhàin ach droch shìde agus sneachd air tighinn cho tràth air a' gheamhradh seo. Cha robh comas air; cha robh ann am beachd Mhic Iain a-nis ach tèarainteachd muinntir a' Ghlinne. Eadar claoidhteachd sneachda agus maille a chuireadh air na Dòmhnallaich le saighdearan Caimbeulach ann am Bàrr a' Challtainn, cha d' ràinig Mac Iain agus a chompanaich an ceann-uidhe gus an dàrna latha den Fhaoilteach. Ma bha cùisean air a bhith anshocrach dhaibh gus an seo, a-nis bha gnothaichean nas miosa uile gu lèir - dìreach an dubh mhì-fhortan, oir cha robh Iar-Shiorram Earra-Ghàidheal aig an taigh, agus anns an droch shìde cha robh e an urrainn tilleadh do dh'Inbhir Aora gus an còigeamh latha den mhìos. Faodar a bhith cinnteach gum b'e sìorraidheachd a bha air a bhith anns na trì làithean sin anns a' bhaile mhì-fhuranach sin. Air an t-siathamh latha dh'aontaich an Siorram ri bòid Mhic Iain agus sgrìobh e gu Hill anns a' Ghearasdan ag innseadh dha mar a rinn e; bha e ag iarraidh air a' Chòirneal e a thoirt dìon do mhuinntir Ghlinne Comhainn a thaobh gun tugadh an ùmhlachd a bha an Riaghaltas a' sireadh. Chaidh litir a chur do Dhùn Eideann, don Chomhairle Dhìomhair, le teisteanas gun tug Mac Iain ùmhlachd; ach bha clèirich agus cuid de bhuill na Comhairle den bheachd nach biodh e freagarrach seo a chur mu choinneamh na Comhairle a thaobh nach d'rinneadh an ùmhlachd air an latha a chaidh a chur a-mach. Mar sin, cha deachaidh e riamh gu h-oifigeil air beulaibh na Comhairle.

***

"Obair Mhòr Seirce"

Bha aon duine ann nach biodh idir mì-thoilichte mu dheidhinn mar a thachair do Mhac Iain gus an seo; b'e an duine sin Dalrymple,

Rùnaire na Stàite ann an Albainn, agus air an aona latha deug den Fhaoilteach chuir e fios mar seo gu Tòmas Mac an Lèigh, a bha na Cheannard air an Arm: "An-dràsda tha mo Thighearna Earra-Ghàidheal ag innseadh dhomh nach tug Gleann Comhann a' bhòid; dhe sin tha aoibhneas agam. 'S e obair mhòr seirce a tha ann a bhith diongmhalta - an fhine seo, as miosa anns a' Ghàidhealtachd air fad, a spìonadh às gu h-iomlan."

Chuir Dalrymple ri chèile òrdaighean ris an cuireadh an Rìgh Uilleam ainm. B'ann mar seo a chrìochnaich iad: "Ma ghabhas Mac Iain agus an fhine sin a chur air leth on chòrr, bidh sin na dhearbhadh co-chòrdte de cheartas coitcheann, an fhine mhèirleach sin a ghearradh às."

Thàinig òrdagh gu Hamilton, Iar-Chomanndair Gearasdan Loch Abair, bho Mhac an Lèigh air an treasa latha fichead den Fhaoilteach: "Bidh mi miannach gun tòisicheadh tu le Gleann Comhann, agus na caomhain dad a bhuineas dha, ach na cuir dragh air an Riaghaltas le prìosanaich."

Bha Hamilton, tha e coltach, nas glòir-mhiannaiche na an Còirneal Hill agus, mar sin, nas cinntiche airson na h-oibre a bha ri dèanamh.

Air an deicheamh latha fichead den Fhaoilteach tha e coltach gu leòir gun robh fios aig Dalrymple mu dheidhinn ùmhlachd Mhic Iain, ach cha d' rinn sin diubhar sam bith. Ann an litir gu Mac an Lèigh sgrìobh e, "Tha mi toilichte nach tàinig Gleann Comhann a-staigh aig an àm a chuireadh a-mach. Tha mi a' creidsinn gum bi thu den bheachd gum bi e na bhuannachd mòr don rìoghachd gum bi an fhine sin air a spìonadh às agus air a gearradh dheth. Feumar a dhèanamh gu sàmhach, no gheibh iad dòigh iad fhèin agus an cuid cruidh a thoirt às."

Cha mhòr nach robh e a-nis ceala deug on a thàinig saighdearan nam measg. Air an dàrna latha deug den Ghearran ghabh fear de na saighdearan sràid a-mach air srath na Càrnaich le gille den ainm Mac Eanraig. Bha Cloinn Eanraig air a bhith anns a' Ghleann fad linntean ron àm seo. Gu dearbh, bha iad air a bhith ann ro na Dòmhnallaich; fhuair na Dòmhnallaich uachdaranachd air Gleann Comhann nuair a phòs ceann-feadhna dhiubh boireannach de Chloinn Eanraig a bha a' tàmh anns a' cheàrn sin.

Sheas an saighdear ri taobh cloiche a tha fhathast ri faicinn air croit anns a' Chàrnaich, agus Mac Eanraig còmhla ris. Thionndaidh an Caimbeulach ris a' chloich agus thuirt e:

"A chlach ghlas anns a' Ghleann,

'S mòr do chòir a bhith ann,

Ach nan robh fhios agad

Dè tha ri tachairt,

Cha bhiodh tu nas fhaid' ann."

Bha an saighdear a' cumail ris a' bhòid a bha air agus, gu dearbh, air a' Chompanaidh gu lèir. Chan eil fhios co-dhiù a thuig Mac Eanraig gu h-iomlan gur e bàirlinn a thugadh dha. Tha e glè choltach gun robh cùisean an làrna-mhàireach a' cur dragh air an t-saighdear, an gnothach air fad a' laighe gu trom air inntinn.

Tha a' chlach fhathast anns a' chroit far an robh i - Clach Eanraig mar ainm oirre.

Bha còrr is ceud saighdear aig Gleann Lìobhann anns a' Ghleann, iad sgapte thall 's a-bhos ann an dachaighean an t-sluaigh. Bha fhios aig Mac Iain gun robh saighdearan eile a bhuineadh don Riaghaltas air feadh na tìre agus, mar sin, bha e gun amharas air bith. B' ann an taigh

Inbhir Fhiodhain a bha Gleann Lìobhann fhèin a' fuireach; bha e air a ghabhail aige gu aoigheil, mar, gu dearbh, a bha na saighdearan aige. Bha Gleann Lìobhann càirdeach do Chloinn Iain tro phòsadh eadar Alasdair (am mac a b' òige aig Mac Iain) agus tè den chinneadh aige fhèin. Bhiodh e a' dol air chèilidh air Alasdair gach madainn agus a' gabhail dram leis. Tha e air a ràdh gun robh e ann an taigh Alasdair air an dàrna latha deug den Ghearran, a' cluich chairtean le Alasdair fhèin agus a bhràthair Iain.

Air an dearbh latha sin bha Hill, dh'fhaodte gun mhòran tlachd ach fhathast fo dhleasdanas, a' toirt òrdaighean do Hamilton e a dhol do Ghleann Comhann le 400 saighdear agus 400 eile a bhith fo chomannd a' Mhàidseir Duncanson. Bha iad ri bhith deas airson an cuid oibre a thoirt gu buil tràth madainn an ath latha. Sgrìobh Duncanson gu Gleann Lìobhann leis na h-òrdaighean: "Tuit air na reubalaich, Dòmhnallaich Ghlinne Comhainn; cuir ris a' chlaidheamh na h-uile fo dheich air fhichead; biodh aire àraidh agad nach tèid aig an t-seann sionnach agus a mhic air teicheadh, air chor air bith; feumaidh tu a h-uile bealach a dhìon los nach teich duin' idir."

Air an oidhche sin, agus sneachd na laighe gu bratach, chan ann a-mhàin air àrd-mhonadh ach air ìsle sratha cuideachd, bhiodh saighdearan a' tilleadh do na taighean aca fhèin an dèidh a bhith air chèilidh air an companaich feasgar. Dh'fhaodte gun robh an tilleadh nas tràithe a-nochd air oidhche cho sneachdail, agus dh'fhaodte - cò aig tha fhios? - gun robh cuid dhiubh fo bhuaireas mu chùisean nach robh a-nis ach beagan uairean air falbh. Air a leithid seo de dh'oidhche, air an rathad air ais, bhiodh sìth Nàdair nas drùidhte, eadhon fuaim bhrògan mòra an Airm air chall ann am buigead sneachda. Sìth! Mun tigeadh solas na maidne!

Air an treasa latha deug den Ghearran, ann an sgarthanaich na maidne, thòisicheadh air an obair a tha air gaoid fhàgail air fine nan

Caimbeulach gus an là an-diugh. Chaidh mòran a sgrìobhadh agus thèid mòran a sgrìobhadh fhathast air Murt Ghlinne Comhainn. Ged a tha sgrùdadh agus rannsachadh a' sìor dhol air aghaidh agus ged a tha tarraing air a thoirt air iomadh pong is beachd ùr (cha reiceadh leabhraichean mura robh!) tha aon rud air a bheil gach sgrìobhadair agus sgeulaiche aontaichte mu dheidhinn a' Mhuirt - gur e reubadh uabhasach a rinneadh air muinntir Ghlinne Comhainn. Ach chan e sin uile! Tha iomadh murt air a bhith ann air feadh an t-saoghail, rè nan linntean, ach b'e 'Murt fo Urras' a bha ann am Murt Ghlinne Comhainn, le buirbe allaidh, do-fhulangach; agus thàinig a' mhòr-bhorbachd sin air na Dòmhnallaich an dèidh caomhalachd is aoigheachd fad ceala-deug.

Chaidh ochd deug air fhichead a chur gu bas, nam measg Mac Iain, air a thilgeil mar a dh'èirich e às an leabaidh. Faodar a bhith gu math cinnteach gun do chailleadh mòran eile le fuachd is acras mar a theicheadh ris na monaidhean ann an sìde cho oillteil. Le rabhadh bho shearbhanta gun robh saighdearan a' tighinn a dh'ionnsaigh an taighe, fhuair Iain, am mac a bu shine aig Mac Iain, cothrom air teicheadh ris a' mhonadh, far an do choinnich e ri Alasdair, a bhràthair. Bha losgadh ghunnachan a' tighinn o Inbhir Fhiodhain agus o Achadh nan Con. Ach cha robh an sgrios ach na thoiseach; bha gach dachaigh air a cur ri theine, agus nuair a bha iad sàsaichte len cuid aingidheachd, dh'fhàg iad an Gleann - a' trusadh leotha na b' urrainn dhaibh de chrodh is chaoraich is eich.

Ann an dùthaich cho monadail, bha an sneachd an dà chuid na nàmhaid is na charaid. Dh'fheumadh iadsan a theich dìreadh a-suas gu làirig is bealach airson saorsa air choreigin a bhith aca. Bha sìde agus caisead a' mhonaidh nan aghaidh, nan cnap-starradh, gu sònraichte air sean is òg, eadhon far an robh taic aca bho dhaoine làidir. Tha e duilich beachdachadh ciamar a thèarainn uiread dhiubh ann an suidheachadh cho diabhlaidh. Ann an dòigh eile thug an sneachd furtachd dhaibh, oir chuir e maille air na saighdearan a bha a' tighinn on Ghearasdan thar a' mhonaidh do Cheann Loch Lìobhann, agus air adhart gu Allt na Fèithe airson am bealach aig ceann deas a' Ghlinne a dhùnadh.

Cò iad, ma-tà, am measg nam fear air an tugadh iomradh, a bha ciontach airson casgairt muinntir a' Ghlinne, agus fios aca gun robh litir-dìona ann am pocannan an Triath agus a mhic? Bha Dalrymple, tha e follaiseach, ann an teis-meadhan na borbachd, le chuid òrdaighean oillteil - òrdaighean nach biodh gu feum gun ainm Rìgh Uilleim. A' toirt sùil air an fheadhainn eile, dh'fhaodte a ràdh gun robh iadsan aig an robh inbhe àrd anns an Arm dìreach a' cumail ris na h-òrdaighean a thugadh dhaibh. Faodaidh sin a bhith, ach a' sealltainn nas dlùithe air a' phàirt acasan anns a' Mhurt, chì sinn gun deach a' chuid mhòr dhiubh an grèim anns an obair mharbhtach sin le dìoghras a tha gan dìteadh. Dh'fhaodte gun robh aon fhear nam measg aig nach robh dèidh mhòr sam bith ri a bhith air amaladh anns an eucoir dhubhailceach seo; b'e sin an Còirneal Hill, a rinn a dhìcheall ris an Riaghaltas, anns na mìosan a lean, gus na Dòmhnallaich àiteachadh a-rithist anns a' Ghleann.

Dh'fhaodadh e a bhith gun do thèarainn cuid de mhuinntir a' Ghlinne a thaobh nach robh iarraidh aig feadhainn de na saighdearan an leantainn no an glacadh no idir losgadh orra. Mas i an fhìrinn a tha sin (agus gu cinnteach tha iomradh air a leithid ann an iomadh cogadh is strì), tha e na bhoillsgeadh solais ann an dubh-dhorchadas a' Mhuirt. Ach a dh'aindeoin sin, mairidh dubhadh fuilteach air eachdraidh fine nan Caimbeulach gu sìorraidh.

AN DUTHAICH AGAINN - AGUS MARYHILL

Chan eil an tìr againne ach glè bheag an coimeas ri mòran dhùthchannan thall thairis. Dh'fhaodadh ceud Alba a bhith suidhichte ann am farsaingeachd nan Stàitean Aonaichte. Ma sheallas sinn air meudachd Astràilia, tuigidh sinn cho beag agus a tha an dùthaich againn. Dh'fhaodadh chan e dìreach Alba ach Breatann air fad a bhith air a chur deich uairean ann an Stàit New South Wales fhèin.

O chionn millean bliadhna bha Alba còmhdaichte le deigh; agus 's e carachadh na deighe a dh'fhàg an tìr mar a tha sinne ga faicinn an-diugh - le lochan-tìre agus lochan-mara. Mar a leagh an deigh o chionn deich mìle bliadhna, 's ann an sin a fhuair na lochan an cuid uisge agus a thòisich na h-aibhnichean air sruthadh. Ach tha atharraichean eile air a bhith a' tachairt on àm sin, le uisge agus reothadh a' dèanamh mùthaidh air dealbh na tìre.

Faodar trì ceàrnan a dhèanamh den dùthaich:
> Taobh tuath na h-Alba no A' Ghàidhealtachd;
> Na Machraichean Meadhanach;
> Na h-Aonachan Deasach.

Taobh Tuath na h-Alba

Tha dà thrian de dh'Albainn anns an roinn seo den dùthaich. 'S ann an seo a tha a' chuid mhòr dè na monaidhean ann am Breatann - agus 's ann an seo cuideachd às àirde iad. Ach chan eil ach beag sluaigh a' tàmh an seo seach anns a' chòrr de dh'Alba. Ach air an làimh eile feumar a ràdh gur h-ann sa cheàrn seo a tha a' chuid as brèagha den dùthaich air fad; agus i a' tarraing luchd-turais, chan ann a-mhàin à ceàrnan eile de Bhreatann ach cuideachd à tìrean cèine, a dh'fhaicinn nan lochan is nan eileanan, nam monaidhean is nan gleann - àilleachd gu dearbh. Cha bheag na tha againn de dh'eileanan

- còrr is mìle uile gu lèir, ach a' chuid mhòr dhiubh gun duine a' fuireach orra.

Na Machraichean Meadhanach

'S e seo an roinn as lugha den tìr, suidhichte mar a tha i eadar na Monaidhean Tuathach agus na h-Aonachan Deasach. 'S ann anns a' cheàrn seo a tha am fearann as fhèarr ann an Alba, agus tha na tuathanaich gu math dheth, ged a bhios cuid dhiubh a' gearan. 'S ann anns a' chuid seo den dùthaich a fhuaireadh gual an toiseach agus mar sin 's ann an seo a thogadh na factaraidhean. Bha buannachd eile ann cuideachd: bha gach baile goireasach don mhuir, le puirt air gach taobh den dùthaich - leithid Ghlaschu, Lìte agus Inbhir Ghrainnse - agus gun ach mu dhà fhichead mìle eadar an Cuan Siar agus a' Mhuir Thuath. Mar sin tha e furasda a thuigsinn carson is ann an seo a tha na bailtean mòra, is a' chuid mhòr den t-sluagh a' fuireach anns a' cheàrn seo.

Na h-Aonachan Deasach

Chan eil na mullaichean anns a' cheàrn seo idir cho corrach no cho àrd ri monaidhean na Gàidhealtachd. Tha na slèibhtean anns an roinn seo feurach thar am mullaichean, ach tha machraichean farsaing, torrach ann cuideachd anns an taobh deas. Tha na bailtean-fearainn a' sìneadh air fad Caol an t-Salmhaigh, agus mar a tha Siorramachd Air, ainmeil airson threudan de chrodh-bainne - crodh Siorrachd Air agus Freaslannaich.

Sìde ann an Alba

Tha sinn daonnan a' bruidhinn air sìde ann an Alba, gu dearbh ann am Breatann. Carson? Tha a chionn gu bheil an aimsir ag atharrachadh cho mòr, chan ann a-mhàin gach latha ach dh'fhaodte uair no dhà anns a' cheart latha. Anns an Eipheit, an coimeas, cha bhiodh mòran feuma air a bhith a' bruidhinn air sìde, gun mhùthadh mòr sam bith oirre latha seach latha, le grian àrd air adhar agus an turadh aca cha mhòr tron bhliadhna air fad.

Anns an dùthaich againn chan e a-mhàin gu bheil diubhar air an aimsir gu math tric, ach glè bhitheanta diubhar oirre a rèir dè a' chuid den dùthaich anns a bheil duine aig àm àraidh. Mar eiseimpleir, tha feum gu math nas motha air còta-froise anns an Oban na tha ann am baile Dhùn Eideann; ach air an làimh eile chan eil e idir cho fuar anns a' gheamhradh anns an Oban agus a tha e ann an Dùn Eideann; tha e nas fhuaire a-rithist ann an Obar-Dheathain. Gu dearbh, corra uair anns a' cheàrn sin bha e cho math do dhuine a bhith a' fuireach anns an Artach! A-rithist, tha e nas grianaiche anns an t-samhradh anns an àird an ear na tha e ris an iar. Tha taobh an iar na h-Alba air a chumail nas blàithe anns a' gheamhradh leis an t-sruth bhlàth a tha a' tighinn tarsainn air a' Chuan Siar o Oirthir Mheagsago. Anns a' gheamhradh cuideachd, tha gaoth glè fhuar a' bualadh air taobh an ear na h-Alba, bitheanta a' tighinn tarsainn air an Roinn-Eòrpa à Siberia. Mar sin tha Ramsgate ann an Siorrachd Kent nas fhuaire bitheanta na tha Ulapul ann an Siorrachd Rois; ach tha cuid de mhuinntir Shasainn den bheachd fhathast, a dh'aindeoin telebhisean, gu bheil na h-Albannaich a' fuireach ann an igliuthan fad a' gheamhraidh!

Dh'fhaodte nach bu chòir mòran gearain a bhith againn air an t-seòrsa sìde a tha sinn a' faotainn. Chan urrainnear a ràdh gu bheil i ro mhath no ro dhona. Gun teagamh, thig gèilichean oirnn air uairean le sgrios nan cois, ach, gu fortanach, chan eil sinn a' faicinn a leithid sin ach ainneamh. Air an làimh eile, chithear samhraidhean gasda, o uair gu uair, a mhaireas mòran sheachdainean - blàth, grianach.

Seall air àiteachan eile. O chionn bliadhna no dhà bha sneachda mòr agus reothadh glè chruaidh aca anns na Stàitean Aonaichte, agus sin ann an ceàrnan den dùthaich far nach eil iad ga chleachdadh. Ann am

Florida, far an àbhaist sìde thaitneach a bhith aca fad a' gheamhraidh, bha orainsearan reòthte ris na craobhan. Coimhead a-nis air mòran de dh'Afraga; mur eil na h-uisgeachan a' tighinn mar a tha dùil riutha, tha daoine, nan ceudan mìltean, a' bàsachadh le acras. O chionn còig bliadhna, ann an Astrailia, bhàsaich treudan mòra de chrodh ann an New South Wales. Anns a' bhliadhna a lean bha tuiltean uabhasach aca anns an dearbh àite; bha daoine air am bàthadh agus mòran call air seilbhean.

A bheil cuimhne agaibh air bliadhna àraidh sam bith nuair a bha sìde air leth math no fìor dhroch shìde againn?

Tha cuimhne agam fhìn air bliadhna shònraichte anns an dòigh sin; b'e sin a' bhliadhna 1947. Bha mise air tilleadh don Oilthigh ann an Glaschu anns a' bhliadhna ro sin, an dèidh sia bliadhna a chur seachad anns a' Chogadh. Bha mi fhìn is oileanach eile a' fuireach ann an sràid ann am Maryhill - mu fhichead mionaid coiseachd on Oilthigh. Bha seòmar againn eadarainn, seòmar gu dearbh air bheag chomhartachd. Chan eil cuimhne agam air ainm na caillich leis an robh sinn a' fuireach; ach ged nach eil cuimhne agam air a h-ainm, faodar a ràdh gu bheil mi fhathast ga faicinn nas soilleire na bhiodh a dhìth orm!

Anns a' Ghearran ann an 1947 thàinig sneachda uabhasach; tha mi a' creidsinn nach faca am baile a leithid riamh; bha ceithir òirlich dheug air Rathad Mharyhill aon latha. Thàinig reothadh cruaidh cuideachd, agus mhair an seòrsa sìde seo fad sia seachdainean. Bha tramaichean a' ruith anns a' bhaile aig an àm sin agus aig amannan chitheadh duine tram an dèidh tram nan seasamh, gun ghluasad, a chionn gun robh na rèilichean air reothadh ri chèile aig na croiseachan. Bha uiread sneachda air sràidean a' bhaile is gun robh na ceudan de làraidhean, fad sheachdainean, a' cartadh sneachd gu Abhainn Chluaidh agus do phàircean a' bhaile.

Dè bha an dà oileanach a' dèanamh ri a leithid seo de shìde agus gun aca ach seòmar-cadail airson an cuid oibre agus am fuachd cho geilmheach? Tha cuimhne agam air aon fheasgar gu h-àraidh agus am fuachd cho oillteil. Bha mòran leughaidh agam ri dhèanamh, agus smaoinich mi gur i an leabaidh àite a bu bhlàithe airson sin. Aig an àm sin cha robh a leithid de rud ri plaide-dealain ann; ma bha, cha robh tè againne - gu dearbh, cha chuala a' chailleach againn gun robh a leithid de rud ri botal-teth ann! Cha do leugh mi ach tacan beag; bha mo làmhan cho fuar is gun do thilg mi bhuam an leabhar agus thiodhlaic mi mi fhìn anns an aodach-leapa, le ùrnaigh nach bithinn nam chorp reòthte mun tigeadh a' mhadainn!

Cho fad' agus a mhair an t-sìde mar seo, bhiodh mo chompanach agus mi fhìn a' togail oirnn a-mach do leabharlann mòr anns a' bhaile, chan ann a-mhàin airson cothrom a bhith againn air rannsachadh agus leughadh ach cuideachd airson oisinn bhlàth, chomhartail fhaotainn dhuinn fhìn.

Cha robh e idir furasda àite-fuirich fhaotainn aig an àm seo; dìreach ron chogadh bha e gu math na b'fhasa. Bha trì pàipearan-feasgair ann an Glaschu aig an àm sin, agus ann am fear dhiubh, an Evening Citizen, tha cuimhne agam gum biodh leth-cheud sanas gach latha a' tairgsinn àiteachan-fuirich. Carson a bha iad cho gann a-nis? Chan eil mi cinnteach, ach a' smaoineachadh air a' ghnothach an dràsda, tha mi den bheachd, a' leantainn a' Chogaidh, gun robh obair-latha aig mòran de bhòireannaich phòsda agus, mar sin, nach robh a' cheart fheum air a bhith a' toirt a-staigh nan oileanach agus an leithid. Dhuinne bha an geamhradh seachad mun d' fhuair sinn àite eile.

Ach facal no dhà mu dheidhinn an àite-fuirich a bha againn ann am Maryhill. Bhiodh an gille eile a bha leam a' dol gu clas a bha a' tòiseachadh aig naoi uairean anns a' mhadainn, ach cha robh a' chiad chlas agamsa a' tòiseachadh gu deich uairean; mar sin cha robh feum agamsa èirigh cho tràth. Bha brochan againn a h-uile madainn airson ar braiceis; ach mo thruaighe! bha a' chailleach a' taomadh a' bhrochain cho luath agus a bha an gille eile na shuidhe aig a' bhòrd.

Mar sin bha am brochan agamsa leth-uair co-dhiù anns an truinnsear, e fuar agus a' crìonadh air falbh bho oir an t-soithich! Bhiodh sin a' sàbhaladh sgillinn no dhà air a' ghas dhi! Gu dearbh, mar a thuigeas sibh, cha robh am biadh ach gu math meadhanach. Gun teagamh, bha gainne ann an dèidh a' Chogaidh - leisgeul math don chailleach againne.

Cha robh ach beag airgid aig a' chuid mhòr de na h-oileanaich. Tha e fìor gun robh airgead a-nis a' tighinn bhon Riaghaltas; bha sin fhèin nas fheàrr na bha gnothaichean ron Chogadh, nuair a bha duine an eisimeil na thigeadh bhon t-Siorramachd aige fhèin agus bho Urras Charnegie.

Ach air ais don taigh-fuirich! Cha robh cothrom againn air amar an taighe ùisneachadh; bha rudeigin cèarr air - chan eil cuimhne agam ceart dè, ach gun robh e gu math meirgeach. Mar sin dh'fheumamaid dol gu amar-snàimh ann an àiteigin anns a' bhaile. 'S math tha cuimhne agam air aon fheasgar air an duirt mi rium fhìn nach rachainn gu amar-snàimh; ghlanainn mi fhìn ann am mias-làimhe an taighe. Ach an sin thachair e! Bha sgàineadh no dhà ann an ìochdar na mèis, agus cha robh sin a' cur dragh sam bith orm. Bha a h-uile rud a' dol gu gasda leam; bha gus - gus an do chuir mi mo chiad chas anns a' mhias; an sin sgolt i na pìosan agus thuit iad air an ùrlar agus na bha anns a' mhias de dh'uisge. Cha d'fhuair an dara cas ach an srùthladh sin fhèin! Càit an robh *Candid Camera?*

Dh'fheumainn innseadh don chailleach. Smaoinich mi air fhàgail gu madainn agus fhaighneachd dhith an do dh'fhairich i crith-thalmhainn uaireigin a-raoir! Ach co-dhiù dh'innis mi dhi mar a thachair. Thuirt i rium gum bruidhneadh i ris an duine aice. 'S e a thàinig às gum feumainn not a phàigheadh, agus mura pàigheadh dh'fhaodainn togail orm. Càit an rachainn? Cha robh dol às agam. Ach nam b'e an-diugh an-dè, bhithinn air an t-àite neo-charthannach, neo-fhialaidh ud fhàgail, ged a dh'fheumainn mo chuid aodaich is leabhraichean fhàgail ann an cùram Phoileas gus am faighinn àite eile. Cha tèid a' bhliadhna 1947 às mo chuimhne - no idir cailleach Mharyhill!

AN GLEANN

Bidh cuid de dhaoine ag ràdh gur e gleann cumhann, mosach a tha ann; bidh cuid eile ag ràdh gu bheil e gruamach, agus eadhon corra dhuine gu bheil e oillteil. A h-uile duine gu a thoil fhèin! Ach air mo shon-sa, chan eil gleann eile air fad Albann a bheir bàrr air. Càite, gu dearbh, am faighear anns an dùthaich seo monaidhean cho òirdheirc, stuadhach air gach taobh? Air ùrlar a' Ghlinne chithear Abhainn Chomhainn air a meudachadh le uillt air gach làimh; le uisge cho glan, soilleir a' taomadh le bruthach o fhuarain àrda. Mar a ruitheas i air a turas gu cuan tha an Abhainn a' seinn 's a crònanaich a-sìos seach srath is croit is baile.

Tha fàidh gun urram na dhùthaich fhèin! Faodaidh cuideachd gu bheil gleann. Am bi muinntir an àite ga fhaicinn mar a tha eilthirich? Feumaidh duine, tha e coltach, seasamh air ais mum faic e, le fìor thlachd, na tha mu choinneamh. Chan eil meas air na chì sinn a h-uile latha.

Gleann a' ghuil! Thug eachdraidh dhut am frith-ainm sin - anns a' Bheurla! Tha cuid ann a theireadh gu bheil an t-ainm freagarrach ann an dòigh eile - leis na tha a' tuiteam de dh'uisge às na speuran. Ach tha a thàlaidheachd fhèin aig a' Ghleann - dhòmhsa co-dhiù, uisge ann no às. An ann dìreach a chionn 's gun d' rugadh 's gun d' àraicheadh mi ann? Tha mi glè chinnteach nach ann.

Tha suidheachadh a' bhaile fhèin taitneach - air sràth còmhnard far a bheil còrr is leth-cheud croiteag. Tha an Cuan Siar a' sìneadh corraig a-suas seach am baile gu Ceann Loch Lìobhann. Ann am meadhon an loch tha eilean no dhà - am fear as motha, Eilean Mhunga, na àite-tiodhlacaidh do mhuinntir a' Ghlinne o iomadh linn gus o chionn ghoirid. Tha seann eaglais air an Eilean, na ballachan fhathast an làthair, a tha a' dol air ais gus an t-siathamh linn.

Chan eil am baile ach beag - bidh mu dhà cheud a' tàmh ann an-diugh. Nuair a bha mise nam bhalach anns an sgoil, cha robh innte ach mu shia air fhichead; tha mun aon àireamh innte an-dràsda, ach ri linn mo phàrantan bha ceithir fichead innte. Chan eil am baile cho fìor thlachdmhòr agus a bha e. Rè mo latha fhèin cha robh ann ach taighean-croite, ach an dèidh a' Chogaidh mu dheireadh thog iad taighean-fiodha a thàinig às an t-Suain, agus mhill sin coltas a' bhaile. Town and Country Planners! Tha mi glè chinnteach gu bheil ainm freagarrach orra - anns a' Ghàidhlig!

LAITHEAN-SAORA - CHA ROBH DUIL RIUTHA

An-diugh don Spàinnt no don Ghrèig - gu dearbh, uair no dhà anns a' bhliadhna; no gu dùthchannan air farsaingeachd na Roinn-Eòrpa, no gu math nas fhaide na sin - gu Mòr-roinn sam bith. Chan eil àite air thalamh ro fhada air falbh anns na làithean seo. Ach nuair a bheir mi sùil air ais chan eil cuimhne idir agam air m' athair no mo mhàthair a bhith air falbh on taigh air an oidhche aig àm sam bith. Anns na bliadhnachan ron Chogadh mu dheireadh, nuair a bhiodh mòran de mhuinntir Ghlaschu air làithean-saora "doon the watter", mar a theireadh iad, chan eil beachd agam air duin' idir a bhith a' fàgail baile na Càrnaich.

Gun teagamh, ann am baile-croit cha robh e dìreach cho furasda an doras a ghlasadh agus an dachaigh fhàgail eadhon airson latha no dhà. Nach robh mart-bainne ri leigeil; nach robh cearcan rim biathadh agus, ann an àite a bha a' faotainn mòran uisge ann am mìosan an t-samhraidh, nach feumadh duine a h-uile cothrom a ghabhail air feur a dhèanamh airson trì beathaichean - mart is gamhainn is laogh - a gheamhrachadh. Bhiodh e amhailteach, gu dearbh, nan robh teaghlach air falbh fad seachdain agus làithean tioram, grianach, blàth ann aig an taigh. Nach ann an sin a bhiodh an t-aithreachas mòr!

A dh'aindeoin na dh'ainmich mi, bha iomadh bacadh, iomadh cnap-starradh eile ann a bha a' cumail muinntir na Càrnaich aig an taigh. Cha robh ach beag làithean aca saor on obair-latha - dìreach latha no dhà aig an Nollaig no aig a' Bhliadhn' Uir, agus aig a' Chàisg, dh'fhaodte. Ach ged a bhiodh seachdain aig an luchd-oibre aig an àm sin, cha robh e comasach do theaghlach a bhith air falbh air saor-làithean - le dìth airgid. Cha robh muinntir a' bhaile againne a' cleachdadh làithean-saora agus, mar sin, cha robh fiughair riutha.

Tha cuimhn' agam, nuair a bha mi mu dheich bliadhna a dh'aois, bha mi trì no ceithir a làithean air falbh on dachaigh, a' fuireach le piuthar m' athar agus a cèile ann an Inbhir Lòchaidh - am baile beag sin teann air a' Ghearasdan. Bha Inbhir Lòchaidh air a thogail leis a' chompanaidh British Aluminium airson luchd-oibre an fhactaraidh aca. B'e seo a' chiad uair a bha mi air a bhith air falbh on taigh air an oidhche.

Bha iad coibhneil, laghach rium ann an Inbhir Lòchaidh, ach chan eil mi a' smaoineachadh gun d'fhuair mi mòran tlachd às na saor-làithean sin. Bha mise daonnan cleachdte ri saorsa croit is monaidh. An seo bha taighean grinn le gàrraidhean beaga, brèagha - taighean le goireasan nach robh idir cumanta ann an taigh-croit. Ach aig an taigh bhithinn-sa air monadh a h-uile latha, agus dè am feum a bhiodh agamsa air a leithid agus farsaingeachd monadh coillteach na Càrnaich agam! Ann an dòigh bha mi mar "iasg à uisge", mar a their iad anns a' Bheurla; dìreach mar a bha màthraichean Bhruaich Chluaidh, len cuid chloinne, ann an Taigh Mòr Ghlinne Comhainn nuair a bha am bomadh cho sgriosail anns a' bhaile sin ann an 1940. Ged a bha iad comhartail, sàbhailte anns a' Ghleann, thog iad orra dhachaigh agus plèanaichean na Gearmailt fhathast a' dèanamh mòr-mhilleadh air a' bhaile aca. ("Is trom geum bà air a h-aineol.")

Chan eil mòran cuimhne agam air dad inntinneach sam bith cho fad 's a bha mi ann an Inbhir Lòchaidh - ach dìreach aon rud! Bha taigh-dhealbha no taigh-phioctaran anns a' Ghearasdan, mu mhìle air astar. Thug mo chàirdean ann mi aon fheasgar. An làrna-mhàireach thug m' antaidh dhomh ticead a fhuair i on Cho-op leis na gnothaichean - ticead airson nam pioctaran. An ath latha a-rithist bha mi anns a' Ghearasdan, leam fhìn, agus mi a' coimhead ann an uinneagan nam bùthan, ach dh'fhàs mi sgìth dhe sin. Chan eil mòran feum ann mur eil airgead aig duine; ach bha dìreach gu leòir nam phòca airson *matinee* nam pioctaran. Choisich mi a-staigh agus bha mi a-nis a' sealltainn air *Charley's Aunt* airson na treasa uair! Chan eil mòran cuimhne agam air brìgh a' phioctair. Co-dhiù, chuir e seachad cuid den ùine gus an tillinn dhachaigh don t-saoghal a b'aithne dhomh; dhachaigh gu cù agus cait, gu bàthaich is beathaichean, gu croit is coille.

Am b'e seo a' chiad uair a bha mi air a bhith aig na dealbhan? O, cha b'e. Bha mi air a bhith uair no dhà ann an Talla Bhail' a' Chaolais far an robh tilgeadair a' toirt dhuinn Phioctaran Sàmhach - Charlie Chaplain agus na pioctaran eile den linn sin. Dh'fhaodadh duine a bhith cinnteach gum bristeadh am film a bha iad a' sealltainn an-dràsd' 's a-rithist! Bliadhnachan an dèidh an ama seo, ri linn a' Chogaidh, agus sinn air bruachan Clais-uisge na h-Eipheit, a' feitheamh ri dol do dh'Fhàsach Libia, bhiodh a leithid eile a' tachairt do na *Talkies* aig Shafto - a' bristeadh o àm gu àm, dh'fhaodte ann am film-gaoil, aig cnag na cùise; anns a' mhionaid bhiodh sin air a leantainn le glaodh co-sheirmeach o dhà cheud saighdear!

Ach a' dol air ais nas fhaide uile gu lèir. Bha aon Disathairne ann air am bi cuimhn' agam cho fad 's is beò mi. Cha bhithinn ach ceithir bliadhna dh'aois aig an àm. Bha fear den ainm Aonghas Warren a' fuireach aig aiseag Bhail' a' Chaolais. Bhiodh e a' frithealadh air an luchd-turais a bhiodh a' tighinn don cheàrn sin. Bha coidse-each aige; anns an t-samhradh nuair a bhitheamaid a-muigh a' cluich aig aon uair deug ann an sgoil na Càrnaich, bhiodh an coidse a' dol seachad, air a tharraing le ceithir eich ghasda. Bhiodh an luchd-turais nan suidhe gu h-àrd, corra uair gu h-aighearach ann am blàths na grèine; aig uairean eile sgeadaichte ann an còtaichean is adaichean air latha fionnar frasach. Bhiodh iad a' tighinn às an Oban gu Stèisean an Aiseig, far am biodh an coidse a' feitheamh riutha agus an sin a' dol a-suas an Gleann cho fada ri taigh-seinnse Thaigh an Rìgh - seachd mìle deug air astar. An dèidh latha nan coidsichean thàinig an *charabanc* (Thorneycroft a bh' ann, mas math mo chuimhne) - carbad mòr, fosgailte ris na speuran ach le cochall de mheudachd mhòr a dh'fhaodadh a tharraing o chùl gu toiseach a' charbaid nan tigeadh an t-uisge - adhartachd gu dearbh!

Ach air ais gu Aonghas Warren fhèin. A thuilleadh air an *charabanc* bha dà thagsaidh bhrèagha aige - càraichean dubha, eireachdail. Cha robh feum idir air sgàthan nan robh duine ri taobh tagsaidhean Aonghais! Bha m' athair air a bhith ag obair, aig aon àm, air Aiseag Bhail' a' Chaolais, agus mar sin bha e glè eòlach air Aonghas. 'S e a thachair gun do thairg Aonghas Warren tagsaidh do m' athair, agus dràibhear leis, Disathairne sam bith a thogradh e, agus cha bhiodh an cosdas ach not. Aig an àm sin bha tuarasdail luchd-oibre nas lugha na dà not anns an t-seachdain, ach co-dhiù bha an tairgse seo gu math saor.

Thàinig an latha! Bha sianar againn ann - dithis mhac is dithis nighean, agus ar pàrantan. Stad an càr aig a' gheata againn. Cha bhiodh croitearan ann an tagsaidh mar seo aig uair sam bith; gu dearbh, cha bhiodh iad ann an tagsaidh idir. Cha robh mise ach beag aig an àm, dh'fhaodte còig bliadhna a dh'aois, ach an-diugh bha mi gam fhaireachdainn fhèin cho mòr ris a' Mhorair Strathcona - agus cho uasal! Dh'fhosgail an dràibhear na dorsan. Cha b'e *jeans* a bha airsan; bha an latha sin fad' às fhathast. 'S e duine gasda a bha ann, e dreaste ann an deise dhubh-ghorm is ceap sgiubach. Agus nach ann an sin a bha an càr! Cha bhiodh na b' fhèarr aig an Rìgh, agus seo e na sheasamh aig doras croiteir! Air an taobh a-staigh bha clàraidh ghlainne eadar na suidheachain-toisich agus na suidheachain-deiridh; agus guthan anns an taobh-cùil airson bruidhinn ris an dràibhear, agus dà chathair a ghabhadh leagail o chùl an t-suidheachain-thoisich; agus comhartachd is blàths airson nan casan air brat-ùrlair glas. Sòghalachd air chuibhleachan!

Bha mise nam shuidhe eadar an dràibhear agus m' athair. A-sìos tron Chàrnaich bha mi duilich nach do thòisich ar sgrìob aig ceann shuas a' bhaile agus gum faiceadh a h-uile duine sinn anns an dol seachad. Tha cuimhn' agam gur e fìor latha math a bh' ann - e grianach, soilleir. Nach mi a bha air mo dhòigh, a' dol thar a' Chaolais ann an càr cho brèagha, cho luachmhor. A-suas bruthach Thaigh an Rubha agus air adhart tro Omhanaich, ri taobh Loch Linne, air rathad a' Ghearasdain. Cha robh mi air a bhith riamh anns a' Ghearasdan. O, ach an sluagh air an t-sràid! Iad a-mach agus a-staigh às na bùthan - bùthan cho annasach agus den h-uile seòrsa. Bha gu leòir de dh'ùine againn coimhead orra; bha an càr a' falbh gu math mall a thaobh na bha de dhaoine air ais agus air aghaidh air an t-sràid. Ann am baile na Càrnaich cha robh againne ach aon bhùth.

'S e baile mòr, mòr a bha anns a' Ghearasdan - dhòmhsa co-dhiù; chan fhacas riamh a leithid idir. Ann an àiteigin anns a' bhaile chaidh sinn dà no trì cheumannan a-sìos an t-sràid gu seòmar-tì bheag. An ceann tacain nach ann an sin a bha an sealladh; chan e a-mhàin gum biodh tì is sgonaichean againn, ach seall! - cèicichean cho brèagha agus cho blasda!

Ach an latha sin: bidh cuimhn' agam air ri m' mhaireann. Rìoghalachd gu dearbh!

A' CRACAIREACHD RI IOSAPH (1983)

O chionn ghoirid thachair mi air duine as aithne dhomh. Tha mi a' faicinn Iòsaiph bitheanta gu leòir anns a' bhaile. Tha e a-nis trì deug 's ceithir fichead bliadhna a dh'aois. Dè air bith sìde a bhios ann, cha bhi ceap no bonaid air uair sam bith; agus air a choltas theireadh duine nach robh e latha os cionn trì fichead 's a deich, gu dearbh theagamh nas òige na sin. Tha e a' fuireach ann an taigh airson sheann daoine - taigh a tha suidhichte ann an ceàrn àrd de Dhùn Blathain. Tha e a' coiseachd le bruthach don bhaile, cha mhòr a h-uile latha, an t-uisge ann no às! Bidh mise ga fhaicinn o uair gu uair air sràid àrd a' bhaile - sràid nam bùthan. An-diugh thachair sinn ann am bùth nam pàipearan, agus 's ann sa Ghàidhlig a chuir e fàilte orm; bha e air a bhith ann an clas Gàidhlig agam ann an Dùn Blathain nuair a bha clasaichean agam co-cheangailte ris a' phrògram *Can Seo* nuair a thàinig e a-mach air an telebhisean an toiseach, anns a' bhliadhna trì fichead 's a naoi deug.

Thàinig sinn a-mach às a' bhùth còmhla agus sheas sinn a bhruidhinn. "Nach tu tha coimhead gu math," thuirt mi ris, "dreaste mar a tha thu - thu cho pongail mar as àbhaist!"

Tha nighean aige pòsda ann am Peairt; dh'innis Iòsaph uaireigin gun robh i a' tighinn air chèilidh air uair anns an t-seachdain agus gun robh i daonnan a' coimhead anns a' chiste-dhràthraichean aige agus a' trusadh leatha gach nì airson an tuba-nigheadaireachd.

"Tha," thuirt e, "agus tha i a' tilgeil a-mach bhadan aodaich a mhaireadh mòran mhìosan dhomhsa fhathast; ach chan eil mi ag ràdh diog agus ise cho laghach rium."

"Agus ciamar a tha thu a' cumail anns na làithean sin?" dh'fhaighnich mi.

"Och! tha mise gu gasda ach gu bheil mi a' fàs car bodhar," fhreagair e.

"Dè tha a' dol agad an-dràsda?" dh'fhaighnich mi; "dè tha gad chumail cho òg-coltas?"

Thug e sùil orm. "A laochain!" (chòrd sin rium), "shuas an sin far a bheil mise tha iad dìreach nan suidhe a' chuid mhòr den latha - gu tric a' coimhead air telebhisean; tha mi fhìn daonnan trang, a' dèanamh rud air choreigin; tha mi a' dèanamh mòran leughaidh, air uairean ann an Gàidhlig; aig amannan eile dh'fhaodte a' sgrìobhadh litrichean. Tha mi a' dol a-mach airson sràid; tha mi anns a' bhaile a h-uile latha."

Chaidh Iòsaph air aghaidh. "An aithne dhut Seumas Mòr às an àit' againne? Tha èileadh beag air daonnan."

"'S aithne, tha mi a' smaoineachadh," fhreagair mi.

Seo, ma-tà, mar a lean an còmhradh eadar Iòsaph is Seumas Mòr:

SEUMAS	An robh thu sa bhaile an-diugh?
IOSAPH	Bha.
SEUMAS	An do choisich thu a-sìos?
IOSAPH	'S mi a choisich.
SEUMAS	An do choisich thu a-sìos tro Chùrsa a' Ghoilf?
IOSAPH	Choisich gu dearbh.
SEUMAS	Nach tu a tha suarach, 's nach gabh thu am bus.
IOSAPH	Seall seo! Innsidh mi dhut an reusan nach deachaidh mi air a' bhus: dìreach airson nach bi tòin orm mar a th' ortsa!

Nuair a bha sinn a' bruidhinn aig doras na bùtha thàinig boireannach as aithne dhuinn le chèile agus sheas i leinn.

"Ciamar a tha thu an-diugh, a Chiorstan?" dh'fhaighnich mi.

"Tha math gu leòir ach dìreach gu bheil mi car truagh leis an lòinidh."

"Cò an gille òg a tha leat an seo?" thuirt Ciorstan le snodha gàire, agus i a' coimhead air Iòsaph. " 'S ann nas òige a tha e a' fàs a h-uile latha, nach ann?"

" 'S ann air a choltas, co-dhiù," thuirt mise. "Tha e car fuar an-diugh ach cha bhi bonaid air uair sam bith."

"Cha bhi," thuirt Ciorstan, agus rug i air tè de na làmhan aige. "Bu chòir miotagan a bhith ort."

A' tionndadh riumsa, thuirt Iòsaph, "Seall air na boireannaich air taobh thall na sràide; chan eil adaichean air gin dhiubh."

"Tha thu glè cheart," thuirt mise, "ach dh'fhaodte gu bheil na cinn acasan nas tiugha!"

Ghàir Iòsaph gu cridheil. "Dh'fhaodte gu bheil," thuirt e.

"Togaibh oirbh dhachaigh às an seo, an dithis agaibh," thuirt Ciorstan; "mar tha mi leibh!"

DEOIR AS NA CRAOBHAN

B'e an-diugh Disathairne agus bha mise a' dràibheadh ris an iar, a-sìos ri taobh Loch Nis. Bhiodh e mu leth-uair an dèidh deich anns a' mhadainn, a' ghrian a' dèarrsadh air leud an locha. Bha mi nam aonar anns a' chàr agam agus bha fhios agam glè mhath gun robh cuid mhòr den rathad air thoiseach orm gu math lùbach; mar sin cha b' urrainnear ach leth-shùil a thoirt air an loch an dràsda 's a-rithist anns an dol seachad. An siud 's an seo bha mi a' faotainn plathadh gasda. B'e an dàrna latha deug den t-Samhain a bha ann, anns a' bhliadhna 1983 - latha àlainn gu dearbh; agus a chionn nach robh mòran reothaidh air a bhith ann fhathast, bha na craobhan còmhdaichte ann an cleòcan ioma-dhathach, nas brèagha fada na thigeadh à taighean-fhasain Pharis no Lunnainn - a h-uile seòrsa tuair orra, o bhuidhe tro dhonn is ruadh gu dearg is sgàrlaid, le dustadh de dh'uaine gu tàladhach air a sgaoileadh nam measg. Bha an latha sèimh, ciùin gun oiteag gaoithe, agus mar sin bha cumadh agus dathan nan craobhan cho fìor gu h-ìosal ann an sgàthan an locha agus a bha iad os cionn na talmhainn; ar leam, gu dearbh, gun robh am faileas nas brèagha na bha na craobhan fhèin. Ach am beairteas a tha Nàdar a' buileachadh oirnn, gu sònraichte anns an fhoghar, le coilltean duilleagach a' tairgsinn sheallaidhean àillidh dhuinn air am bi cuimhne againn air iomadh latha tro lomnochd a' gheamhraidh, ma thogras sinn. Ach cuimhne! Nach b'e an-dè an t-aona latha deug den mhìos; cò aig nach eil fhios carson a tha an latha àraidh seo air a chur air leth fad iomadh bliadhna, a' leantainn air a' chiad Chogadh Mhòr.

B' ann an-dè, gu dearbh, a chuir mi air an rèidio anns a' chàr agam agus mi air an rathad on dachaigh agam do dh'Inbhir Nis far am bithinn aig coinneamh Gàidhlig. An ceann tacain bha mi ag èisdeachd ri dà bhalach òg, dìreach aona bliadhn' deug a dh'aois, agus iad a' còmhradh ri seann duine. Bha iad ag obair air proiseict airson na sgoil aca agus iad an-dràsda a' cur cheistean air a' bhodach - e naoi agus ceithir fichead bliadhna a dh'aois. 'S ann air a' Chiad Chogadh a bha a' bhruidhinn, agallamh nan gillean a-nis air batal na Somme - cath cho marbhtach 's gun do chailleadh millean duine. Nach ann an sin a bha am murt agus an sgrios air daoine òga - rèiseamaidean de dhaoine air an sguabadh às a' bheatha seo, an t-aon dìol air rèiseamaidean eile a bha air an togail nan àite. Chan eil e idir furasda beachdachadh air na dh'fhuiling uiread dhiubh ann am poll agus ann an teine nan claisean.

> *Ma threigeas sibh sinne tha caochladh,*
> *Cha chaidil sinn ged chinneas crom-lusan dearga*
> *Air achaidhean Flanders.*

Sinn mar a sgrìobh Iain MacRath a bha beò eadar 1872 agus 1918.

Bha e a-nis meadhan-latha, an dàrna latha deug, agus mi a' dol tro bhaile a' Ghearasdain aig ceann na Linne Dhuibh; agus air adhart a-mach gu Achadh an Todhair far a bheil a h-uile dàrna togalach na thaigh-òsda no na thaigh-aoigheachd, gun ach dh'fhaodte dà thaigh-òsda air a bheil ainm Gàidhlig. Nach truagh nach e ainmean Gàidhlig a tha orra air fad. Shaoilinn gum biodh sin fhèin na ùidh do chuid den luchd-turais co-dhiù; mar sin bhiodh fhios aca gun robh muinntir na h-Alba mòr às an dùthaich aca! Saoil an airidh iad an t-ainm "Albannaich"? Tha mo bheachd fhèin agamsa air a' ghnothach sin.

'S ann a tha sealladh brèagha aig muinntir Achadh an Todhair tarsainn air an loch agus air na monaidhean air an taobh thall; chan eil taighean idir air taobh eile an rathaid gu bacadh a chur air an fhradharc aca. Ach dè tha an t-ainm fhèin a' ciallachadh? Achadh an Todhair - 'the Field of Bleaching?' Tha allt a' tèarnadh on mhonadh ris an abrar Allt nan Dathadairean ('Dyers' Burn'). Tha e coltach, mar sin, gun robh lìon air a sgaoileadh anns na dailtean sin; tha sinn an dòchas gun robh, co-dhiù, oir tha mìneachadh eile air an fhacal todhar - 'dung'. Faodar a bhith cinnteach nach còrdadh an t-eadar-theangachadh sin idir cho math ri muinntir Achadh an Todhair!

Seachad air aiseag a' Chorrain agus air Aird Ghobhar air an taobh thall, cha robh mi fada gus an robh mi ann an Omhanaich, baile beag deisearach a tha a' faotainn na grèine ma tha i air adhar idir. Thadhail mi airson grèim bìdh ann an taigh-òsda far am bi na cùrsaichean Gàidhlig agam. As an sin air adhart thar Drochaid Bhail' a' Chaolais agus m' aghaidh a-nis air gleann mo bhreith is m' àraich, le Loch Lìobhann ri m' thaobh agus monaidhean a' Ghlinne air thoiseach orm. Tacan beag eile agus bha mi a' dol seachad air Pàirc an Iubaili ann am Bail' a' Chaolais; seall, tha gèam camanachd ann. Feumar stad; tha còrr is fichead bliadhna on a chunnaic mi cluich anns an Iubaili! Chord an gèam rium gu math, gu sònraichte on a bha a' bhuaidh aig gillean a' bhaile. Bha iad a' cluich an aghaidh buidheann à Caol-Ghleann, à shìos rathad Thaigh na Bruaiche. Chuir iad còig don lìon agus gun ach aon tadhal aig na gillean eile.

> *Air an achadh bheag uaine chaidh lomadh le fàl,*
> *Bidh na gillean len camain a' strì ann;*
> *'S chan eil buidheann an Siorramachd mhòr Earra-Ghàidh'l*
> *Tha cho clis ris na suinn taobh Loch Lìobhann.*

Sin sgrìobhte le Alasdair MacFhraing.

Tha cuimhn' agam agus gun mi ach nam ghiullan air gèam camanachd eadar Bail' a' Chaolais agus Inbhir Aora ann am Pàirc an Iubaili - dà bhaile a bha ainmeil aig an àm sin air feabhas an camanachd. Bha geansaidhean dearga air buidheann Bhail' a' Chaolais dìreach mar a tha orra an-diugh; bha gillean Inbhir Aora sgeadaichte ann an geansaidhean le cearcaill dhubh is òr-bhuidhe. 'S e meadhan a' gheamhraidh a bha ann, le beagan sneachda air a' ghrunnd; agus bha e fuar, uabhasach fuar. Chan eil cuimhn' agam air mòran den chluich no, gu dearbh, dè a' bhuil a bha ann aig taobh seach taobh. Tha e iongantach dè air an cùm duine cuimhne air uairean; ach tha beachd agam fhathast air aon rud agus mi nam sheasamh aig doras an talla anns an robh iad gan deasachadh fhèin airson a' gheama. A-mach a thàinig iad - sglèatairean Bhail' a' Chaolais agus balaich Inbhir Aora, gillean sgairteil gach aon dhiubh - ach cha b'e dìreach an sealladh sin a dh'fhuirich leam, ach am fàileadh; cha bu bheag an sanas iad airson Sloan's Liniment agus Elliman's Embrocation!

Ach air an fheasgar seo agus mi air mo rathad dhachaigh à Inbhir Nis dh'fhuirich mi anns a' Chàrnaich air an oidhche. Anns a' bhaile-croit air a bheil mi cho eòlach fhuair mi cothrom air a bhith a' cracaireachd ri peathraichean dhomh a tha fhathast a' tàmh anns a' Chàrnaich; agus cuideachd ri daoine eile air a bheil mi eòlach, agus ris a' chuid mhòr dhiubh anns a' Ghàidhlig. 'S ann an sin a tha am facal cèilidh againn mar bu chòir dha a bhith. Bha mi air chèilidh, a' còmhradh agus a' cracaireachd air iomadh cuspair; air dè a bha a' dol anns a' bhaile anns na làithean sin; air naidheachdan, sean is ùr, air muinntir na Càrnaich; air rudan a thachair an-dè no o chionn fhada anns a' choimhearsnachd; agus air rudan gasda no amhailteach. Faodar a ràdh gun robh blàths anns a' chòmhradh dìreach a chionn 's gum b' ann anns a' Ghàidhlig a bha e!

Madainn Didòmhnaich bha Seirbheis Cuimhneachain anns an Eaglais - an eaglais don deachaidh mi don Sgoil Dhòmhnaich nam bhalachan agus far an do dh'ionnsaich mi a' Ghàidhlig a leughadh an toiseach; tha bliadhna no dhà on àm sin! Cha robh ach beag air an t-seirbheis seach mar a b' àbhaist.

Aig leth-uair an dèidh dà uair bha seirbheis aig Carragh-cuimhne a' bhaile. Bha, dh'fhaodte, dusan ainm air a' chloich on Chiad

Chogadh, ach dìreach aon ainm on Chogadh mu dheireadh. Dh'fhaodte gum bu chòir, le ceartas, an Dàrna Cogadh a ràdh a chionn gun robh cogadh eile againn o chionn ghoirid anns na Falklands.

A' coimhead air a' Charragh-chuimhne, bha e follaiseach ri fhaicinn gun robh a' Chiad Chogadh gu math nas marbhta na an Dàrna Cogadh, ged a bha an Cogadh sin calltach gu leòir. A thuilleadh air sin, cha robh daoine cho lìonmhor ann am bailtean na Gàidhealtachd seach mar a bha iad aig àm a' Chiad Chogaidh.

Bhiodh mu fhichead againn cruinn aig seirbheis na Càrnaich. Nuair a sheas sinn airson an dà mhionaid de shàmhchair, smaoinich mi air an ainm a bha air a' chloich on dàrna chogadh - Sandaidh MacAonghais, a chaochail ann an camp phrìosanach Seapanach ann an Singapore, ann an 1943. Thill nam chuimhne cuideachd gillean òga anns an Sguadran againn fhìn - gillean air an robh mi glè eòlach; balaich nach do thill.

Nuair a bha na smaointean sin a' cùrsadh tro m' inntinn, bha duilleagan nan craobhan faidhbhile ag itealaich gu sìobhalta don làr. An ann a' caoineadh a bha na faidhbhilean! Cha robh fuaim ri chluinntinn ach crònanaich na h-aibhne mar a ruitheadh i fon drochaid. Saoil an e marbhrann a bha aice air an latha àraidh seo?

CIOMACH - ANNS AN EISDEACHD

Tha e a-nise meadhan-latha, leth-cheud mionaid on a dh'fhàg an trèan Glaschu agus mi air turas eile do Lunnainn, do Cholaisde Wansfell. Tha am bufaidh dìreach air fosgladh agus tha ise air togail oirre on àite-suidhe a tha rim chùl; nach e a tha sàmhach! Tha i air falbh, tha e coltach, airson cofaidh dhi fhèin agus don bhoireannach a tha leatha. Cha tàinig maille idir air a cuid bruidhne on a dh'fhàg sinn stèisean Ghlaschu - facail a' sruthadh à beul cho bras ris an t-sruth a tha na dheann-ruith air caisead a' mhonaidh le tuiltean a' gheamhraidh. Tha deich mionaidean seachad agus cha do thill i fhathast on bhufaidh; sìth is sàmhchair cho drùidhteach, gasda. Feumar a ràdh gu bheil mi gu mòr an dòchas gun do dhìochuimhnich British Rail cofaidh a thoirt air bòrd; agus nach bi cofaidh aca gus an ruig iad an ath stèisean (dà uair an uaireadair air falbh, tha mi 'n dòchas) agus gum fuirich i aig a' bhàr gus an tig an cofaidh! Tha fhios agam nach toigh leatha tì; sin rud a thubhairt i am measg nam mìltean de rudan eile a bhuail air ar cluasan. Gabaireachd! Tha sin inntinneach gu leòir corra uair, cho fad 's a tha bacadh a' tighinn air an-dràsda 's a-rithist.

Tha i a-nise air tilleadh - agus tha i air tòiseachadh a-rithist; tha, mun d' ràinig i a h-àite-suidhe. "Am bu toigh leat rudeigin eile an àite nam briosgaidean seo? Cha robh ac' ach an fheadhainn seo," tha i ag ràdh ri a ban-chompanach. "Ma thogras tu, thèid mi a-sìos a-rithist nam bu mhath leat cèic, dh'fhaodte."

"Abair rithe gum bu toigh leat sin!" Tha mi'n dòchas gu bheil i a' 'cluinntinn' mo smaointean; gu mì-fhortanach, chan eil m' earalachadh ga ruigsinn! "Dè an càise as fhèarr leat?" Mun tàinig freagairt thuirt i a-rithist, "Am bu toigh leat pìos de gach seòrsa?"

B' fhèarr leam gun tòisicheadh i air dè sam bith a tha aice fhèin itheadh. Chumadh sin a beul a' cagnadh, agus mas e leadaidh a th' innte shaoileadh duine nach bruidhneadh i agus a beul làn.

Tha boireannach na suidhe mu m' choinneamh; bha ise air a bhith a' leughadh *Midnight's Children*, ach tha i a-nis air an leabhar a dhùnadh. Tha mi cinnteach nach b' urrainn dhi a h-inntinn a chumail air an sgeul leis a' ghabaireachd a bha mar bheairt-ghunna a' frasadh air a claisteachd. Tha *Midnight's Children* a-nis na laighe air a' bhòrd agus an leughadair le a sùilean dùinte. Gu goirid tha i na cadal; nach i a tha fortanach, nach i gu dearbh!

"Cha do chòrd an cofaidh rium idir; agus bha e car fuar." Nach truagh nach rachadh i air ais don bhufaidh a ghearan mu dheidhinn. Saoil an abair mi rithe gum bu chòir dhi sin a dhèanamh - nach eil e ceart a bhith a' sìneadh airgid do Rèil Bhreatainn airson cofaidh nach eil ach meadh-bhlàth!

"Tha sin a dhà uiread a dh'ith mi na b' àbhaist dhomh," thuirt i. Ach ciamar a dh'ith i e gun stad a bhruidhinn? Tha e follaiseach gu bheil rud sam bith comasach ma tha duine am beachd dol air adhart leis.

Mun do thòisich ar turas à Glaschu bha an trèan nas anmoiche a' tighinn a-staigh don stèisean na 's àbhaist; agus bha ise agus a ban-chompanach nan seasamh gu math teann orm. Thuirt i ri fear den luchd-oibre a bha a' dol seachad: "Carson nach eil an trèan a-staigh fhathast?"

"O, dìreach maille bheag," fhreagair e.

"Uill, feuch gun dèan thu cinnteach nach bi sinn fada nar seasamh an seo," thuirt i, gu gramail.

An duine bochd! Tha fhios agam gu bheil Rèil Bhreatainn a' toirt trèanadh don sgioba aca airson a bhith cuideachail ri luchd-siubhail, ach dh'fheumadh iad foighidinn an Ard-aingil Gabriel leis a leithid de bhoireannach.

Saoil a bheil i pòsda? Ma tha, saoil a bheil an duine aice beò fhathast? Mur eil, bhiodh e freagarrach *RIP* a bhith air a chloich-chuimhne! Tha mi 'n dòchas nach eil i pòsda. Cha bu chòir do dhuine sam bith a bhith air a shàrachadh le sruth maireannach de dh'fhacail mar a tha a' dòrtadh bhuaipese.

Ach carson a bha mise cho mì-fhortanach, agus an trèan cho fada? Tha mise ann an carbad G; nach duilich nach eil ise ann an A.

Co-thuiteamas, gu dearbh! Cheannaich mi dà phaipear aig stèisean Ghlaschu, an *Scotsman* fear dhiubh. Bha e duilich gu leòir dhòmhsa criomagan a leughadh às air an trèan, ach airson na tè a tha thall le *Midnight's Children*, bha e eu-comasach dhise uile gu lèir. Tha i air dùsgadh, ach chan eil guth air tòiseachadh air leughadh a-rithist. Ach dè an co-thuiteamas? Leag mi mo shùil air *The Morris File* ann an teis-meadhan a' phàipeir.

"Tha mi a' smaoineachadh," bha Mòrris ag ràdh, agus e a' bruidhinn air siubhal air trèan - "tha mi a' smaoineachadh gum bu chòir do Rèil Bhreatainn, chan e a-mhàin gum biodh diubhar àiteachan aca airson smocairean seach daoine nach eil a' smocadh, agus bhiodh e iomchaidh gum biodh àite aca air leth airson dhaoine a tha ag òl, àiteachan eile airson theaghlaichean, àiteachan eile airson dhaoine a bhios a' bruidhinn gun stad agus àiteachan air leth cuideachd airson dhaoine a bhios ag iarraidh turas sàmhach!"

Gus an tig an latha sin air Rèil Bhreatainn, dh'fhaodte gum biodh e na b' fhèarr dhomh, anns an t-suidheachadh anns a bheil mi an-diugh, a bhith mar a chunnaic mi ann am baile Chairo aig àm a' chogaidh mu dheireadh. Nuair a bha na tramaichean làn, bha uiread dhaoine an crochadh air taobh a-muigh na trama agus a bha a-staigh!

Co-dhiù, tha seo a' dèanamh sgeulachd eile airson cùrsa Gàidhlig Colaisde Wansfell!

Tha sinn a-nis aig stèisean Nuneaton. Tha rudeigin air a bhith cèarr air an einnsean air a' chuid mhòr den sgrìob agus tha sinn dà uair air dheireadh cheana. Cha robh marathon aig na Greugaich riamh cho searbh ris an fhear a dh'fhuiling mise an-diugh. Feumaidh sinn feitheamh ri trèan eile; bidh mi cinnteach nuair a thig i gum bi mise anns a' charbad as fhaide air falbh bhuaipe!

Gu fortanach, chan eil a h-uile sgrìob do Lunnainn mar a bha i an-diugh. Nan robh, airson mo chuid-sa dheth co-dhiù, b' fhèarr do dhuine leigeil leis a' Ghàidhlig bàsachadh!

MAC-TALLACHAN ANNS A' GHLEANN

B'e dìreach an-dè a bha ann; no b' ann ris a bha e coltach! Cho mìorailteach 's a bha mo chuimhne air mo thoirt air ais an leth-cheud bliadhna sin, agus an còrr, gu mo làithean nam ghiullan nuair a shiubhail mi air na slèibhtean sin.

Cha b'e turasachd dhìomhanach a bha ann anns na làithean sin ach crannchur a thigeadh glè fhurasda do mhac croiteir. Cha robh e idir na chulaidh-chruadail; gu dearbh, bha e na thoil-inntinn a bhith a' dìreadh glè bhitheanta air monadh, còmhdaichte gu dlùth le feàrna - monadh air an robh mi cho fìor eòlach. Thall 's a-bhos bha an t-uinnsean, le rùsg liath-uaine, mar inn-imriche am measg nan tomaltan feàrna.

Os cionn na coille bha leathad feurach an ionaltraidh shamhraidh, far am biodh gaimhnean is aighean nan croitearan on Ghiblean gu toiseach a' gheamhraidh. An-diugh tha e mar sin fhathast, ach tha an stoc air crìonadh gu mòr. Anns na bliadhnachan a chaidh seachad, tha an fheàrna air a bhith trang ga sgaoileadh fhèin air na leathadan ìosal, a' cur nan àileanan às an t-sealladh; ach gu h-àrd cha do ghluais i òirleach a-suas ann an leth-cheud bliadhna. Gu dearbh, beagan os cionn na coille feàrna tha a' Choille Bheithe dìreach na doire mar as cuimhne leam, le a h-àl toilichte gu leòir fuireach, tha e coltach, ann an ionad na dachaigh gun oidhirp air bith air streapadh ris a' mhullach!

Mar a choisicheas mi air na h-aonachan àrda, cnocach seo, tha na seallaidhean gu h-ìosal agus mun cuairt orm a' toirt nam chuimhne làithean eile; tha an inntinn gu saor-thoileach ag ath-bheothachadh smaointean air daoine no tachartan air choreigin, dìreach a thaobh gu bheil mi air fearann a tha dùthchasail dhomh.

An-diugh, mar a sheallas mi a-sìos on àirde seo, tha Loch Lìobhann mar a bha mi riamh eòlach air. Air latha soilleir, grianach agus fo sgàil-bhrat liath-ghorm na h-iarmailt, tha an loch na laighe gu rìomhach, a' sgeadachadh a chuid eileanan agus sgeadaichte leothasan - mar sheudan luachmhor air am foillseachadh air pillean de shìoda dubh-ghorm. 'S e Eilean Mhunga as motha de na h-eileanan sin - àite-tiodhlacaidh naomh nan Dòmhnallach a chaidh a mhurt anns a' Ghleann; agus àite-adhlacaidh cuideachd do mhuinntir Ghlinne Comhainn gus o chionn ghoirid.

Tha na bliadhnachan air an tionndadh air ais gu tiodhlaicean ann an làithean eile. Ann an co-chomann de dhaoine cho dlùth ri chèile, cha robh bàs dìreach na fhalamhachd anns an teaghlach ach na chall don bhaile air fad. Bha fios an tiodhlacaidh air a liubhart an oidhche ron àm le dà ghille òg, iad a' tadhal aig gach dachaigh anns a' bhaile-croit. 'S ann anns a' Ghàidhlig a bha an cuireadh air a thoirt seachad, gu nàdarra, oir b'e sin ciad chànain gach teaghlaich. Nas tràithe air an latha sin fhèin bhiodh bàt'-iomraidh ri faicinn a' dol tarsainn don Eilean - le duine no dhà, coimhearsnaich don fhear no don tè nach maireann, agus iad a' dol a chladhach na h-uaighe.

Seach na daoine a bha aosda no anfhann agus a' chlann a bha ro òg, bhiodh am baile air fad a' dol don eaglais. An dèidh na seirbheis bhiodh a' chiste-mairbh air a giulan a-sìos tron bhaile agus air adhart tro chlachan Thaigh a' Phuirt gu cladach grinnealach an locha aig Ceann a' Ghàrraidh, mar a theirteadh ris an àite seo. Anns a' chiad dol a-mach on eaglais ghabhadh ceathrar dhaoine grèim air cabair-giulain na ciste. Air an rathad tron bhaile bhiodh dithis is dithis a' gabhail cothroim air a' ghiùlan; a' dol air adhart agus a' gabhail àite an dithis air thoiseach agus iadsan a' toirt cèim air ais agus a' togail bhon fheadhainn air an cùlaibh. Air leth air a' ghiùlan fhèin, bha e na chomharradh urraim don neach nach maireann - co-phàirteachadh ann an ùmhlachd dheireannach; soraidh grasmhòr, socrach a tha a-nis air dol bhuainn ann an eachdraidh. Tha dòigh-beatha an là an-diugh air luathachadh; tha agus dòigh-bàis. Tha na mairbh air an giùlan air falbh nas cabhagaiche agus nas comasaiche le carbad agus le bus-fasdaidh!

Ma dh'fhaodar a ràdh mu thìodhlacadh gu bheil e brèagha, gu cinnteach faodar a ràdh mu dheidhinn feadhainn Eilean Mhunga. Air latha gasda gu sònraichte (agus tha iad aca ann an Gleann Comhann!) chitheadh duine bàta a' bhaile agus bàtaichean eile a' leantainn ann an sreath - le buille ruithimic o thumadh ràmh a' bristeadh uachdar an uisge, ach gu socrach. O shean, dh'iomaireadh Rìghrean na h-Alba do an àit'-adhlacaidh ann an Eilean I; ach is mòr an co-ionannaiche am bàs, agus anns a' ghluasad shèimh, iriosal seo le corp croiteir ùmhail gu talamh coisrigte Eilean Mhunga, thugadh soraidh às am faodadh flaithean a bhith glè mhòr.

Bha daoine a' Ghlinne (no, nas freagarraiche, daoine na Càrnaich, oir 's e a' Chàrnaich ainm a' bhaile-croit) glè chleachdte aig an àm sin ri a bhith a' làimhseachadh bhàtaichean; dh'fheumadh iad, oir bha iad an eisimeil iasg a thoirt às an loch mar chuid den teachd-an-tìr aca. An-diugh tha an suidheachadh sin car air atharrachadh - gun ach beag de bhàtaichean air fhàgail anns a' cheàrn seo. Ma tha iasgach ann idir, tha e air a dhèanamh mar chur-seachad toil-inntinneach le duine no dhà à Bail' a' Chaolais aig a bheil bàta fhathast. Co-dhiù, anns na làithean seo, tha e nas goireasaiche iasg a thaghadh o bhan an reiceadair.

Mar a tha na bliadhnachan air dol seachad, tha fiosrachadh ionadail air chall oirnn - fiosrachadh a bha na thàth-chuid riatanach, co-cheangailte ri obair-latha sluagh a' bhaile. Bha comas ro-aithris aig daoine air atharrachadh sìde agus eòlas air amannan làin mar dhà dhiubh sin. Tha làn-chuimhne agam, agus mi nam bhalach, air m' athair a bhith a' grad-amharc air a' mhìosachan, a' sealltainn air cor na gealaich agus ag ràdh, "Bidh àird' an làin aig seachd uairean sa mhadainn" (no dè sam bith uair a bhiodh ceart aig an àm) - ann an Gàidhlig gun teagamh, oir ann an cuideachd a chèile cha robh facal Beurla eadarainn uair sam bith. Airson obair-croite dheth, bha feum air feur airson biadh-geamhraidh an stuic (mart-bainne, gamhainn is laogh). Bha comas ro-aithris air leth feumail, gu h-àraidh ann an ceàrn far nach robh sìde idir fàbharrach iomadh bliadhna. O uair gu uair bha e air iarraidh orm, nam b' urrainn dhomh, am feur a bha tioram a rucachadh tràth an dèidh mheadhan-latha, oir bhiodh fras againn mu thrì uairean, leis a' ghaoth a' tighinn às an iar an-dràsda ach leis a' choltas gun tionndadh i ris an iar-thuath; chuireadh fras air ais tiormachadh feur-lòin gu h-àraidh. Dh'fhaodadh duine a bhith cinnteach gun tigeadh an fhras. Cha b'e ro-aithris imfhiosach a bha seo, ach eòlas a thàinig bho aire mhothachail; gu neo-chaochlaideach bha e ceart. Bha na croitearan a' faotainn am beòshlainte ag obair ann an Creagan Bhail' a' Chaolais, air rathaidean no air Oighreachd Ghlinne Comhainn; iad anns na h-obraichean sin, cuid dhiubh co-dhiù, le dìth cothroim air an rud ris an abair sinn foghlam. Biodh sin mar a dh'fhaodas, bha iad nan daoine ionnsaichte, le fiosrachadh fìor àraidhichte a fhuaireadh o dhlùth-shealltainn agus geur-thuigse air na bha timcheall orra gu nàdarra anns a' choimhearsnachd.

A-nis, tha mi nam shuidhe air creig gu h-àrd os cionn na coille - creag dealbhaichte gu nàdarra, mar gum biodh, a thàladh coisiche gu suidhe oirre gu socrach - gu h-ìosal fodham tha croitean a' bhaile leis "an Rathad Ur" a' dèanamh dà leth air a' chuid mhòr dhiubh. Ged a chaidh crìoch a chur air an rathad o chionn còrr is leth-cheud bliadhna, an-diugh fhathast 's e "an Rathad Ur" daonnan a bhios aca air. Tha an Seann Rathad a' dol a-suas tron bhaile agus air adhart thar drochaid ghrinn a tha ga ghiùlan thar na h-aibhne agus a-mach às a' bhaile fo sgàil-bhrat dè dh'fhaidhbhilean gasda, ri taobh srath de dh'uinnsean aig ìre agus feàrna ri taobh na h-aibhne, agus seachad air badain coillteach de challtainn agus de dharach. Am measg seo uile, agus le dìth traphaig, tha an suidheachadh seo a' toirt don choisiche thuigseach dealbh-thìre tlachdmhòr an coimeas ris an rathad eile air taobh thall na h-aibhne, le mòran chàraichean air agus e cho lom de chraobhan.

ABHAINN CHOMHAINN

A Chomhainn, a ghràidh,

Tha suirghe mo ghaoil

Gam thàladh le ceòlmhorachd deòis;

Thu glugadh 's a' gliogadh

Mar choisicheas rid thaobh

'S a' cabair

An gogaideachd gleòis.

Tro uinnsean is fheàrna,

Fo mhòr-chrannach fhaidhbhil',

Gathan-grèine a' dannsadh ri d' ghuaim;

O mheangan is mheur

Ann an ceilearachd ciùil,

Co-iomlanachd

Gleusda ri t' fhuaim.

Tha 'n earbag bheag bhòidheach

A' tadhal corra uair ort,

Ged tha sruthain pailt measg nan doire;

Bho d' staile cho domhainn

Fo àrd-chreig a' mhonaidh,

Tha thu tairgsinn dhi
Fìor dhram bho d' choire.

Seach croit is dachaigh
Is Linne an Làin,
An ionndrain bhios orm is thu bhuam;
Chan fhàgar ach greiseag,
Oir 's cinnteach gun till
Gu èisdeachd ri
D' bhinneasan fuaim.

Nuair a bha lorg an rathaid ùir gu bhith air innleachdadh ann an 1928, chuir na croitearan an aghaidh na slighe a bha an t-ùghdarras am beachd a ghabhail leis a' chiad chuid den rathad; ghearradh e a' mhòr-chuid de na croitean nan dà leth. Chomhairlich na croitearan gum b'fhèarr an rathad a bhith a' leantainn ceann shuas an fhearainn, ri taic a' mhonaidh, far nach robh na croitean cho torrach. Ach bha an cuid gearain gun fheum; airson na chaill iad de ghrunnd thugadh do gach croitear dà phunnd 's a deich!

A chionn nach eil ach dà acair anns gach croit, dh'fheumadh obair-latha air thuarasdal a bhith aig gach croitear ann an obair air choreigin anns a' choimhearsnachd. Thòisich obair an rathaid ùir ann an 1929 agus chrìochnaich i ann an 1934; tro bhliadhnachan na Dìomhanachd Mòire bha e fortanach a leithid a bhith ann aig an àm sin. Fhuair mòran dhaoine obair air an rathad; thàinig an luchd-oibre à iomadh ceàrn den rìoghachd.

Bha togail an rathaid, mu dheich mìle fichead air fad, air a roinn eadar trì companaidhean. Chosd an rathad on Chàrnaich gu Taigh an Droma leth-mhillean not: luach airgid - nach b'e 'n dà là e! 'S ann

aig Tawse (Obair-Dheathain) a bha a' chiad dùsan mìle, on Chàrnaich
a-suas cho fada ri Taigh an Rìgh. Thug Tawse leis às a' bhaile aige
fhèin luchd-oifis, luchd-cèaird, dràibhearan is eile. An toiseach, le
seann daoine a' bhaile gu sònraichte, bha e mar gun robh treubh
choimheach air tighinn nam measg. Bha iadsan, gu nàdarra, nas
cleachdte ris a' Ghàidhlig agus cha robh mòran tuigse aca air
a' chainnt neònach seo às an ear-thuath! Gu dearbh, airson duine no
dhà, tha mi a' smaoineachadh, cha robh cainnt Obair-Dheathain uile
gu lèir so-thuigsinn eadhon aig an àm a thàinig crìoch air obair
an rathaid.

Ach tha cuimhne air uiread! Mar a sheallas mi a-sìos a-rithist bho
àirde a' mhonaidh, tha mi a' faicinn aon chroit, gu h-àraidh, ann am
meadhan a' bhaile - a' chroit air an d' rugadh 's an do thogadh mi. Tha
mo smaointean gun dàil a' toirt air ais dhomh *All in the April Evening*
mar a sheinneadh leis a' Chòisir Orpheus - cho tlachdmhòr. Ach chan
eil sin e fhein ach mar bheachd-smaoin co-chuideachail, oir tha am
feasgar Giblein agamsa an-dràsda ann an diubhar sgrìob. Tha mi ga
fhaicinn uile a-rithist. Air feasgar air choreigin anns a' Ghiblean
bhiodh treabhaiche a' bhaile a' tighinn don chroit againne a
threabhadh na cuid a bha air a chur air leth airson buntàta agus coirce
na bliadhna. Bha daoine air tighinn o chroitean feadh a' bhaile a chur
na h-inneir anns an sgrìob; agus boireannaich, len aparain-poca, a
chur a' bhuntàta - coimhearsnachd da-rìreabh! Fhad 's a bha na h-eich
a' dèanamh dà chuairt eile bha cothrom ann air cracaireachd - cèilidh,
seadh cèilidh mar as cearta brìgh an fhacail. An coimeas ris an linn
againne bha daoine an ama sin bochd; tha an t-atharrachadh
suaicheanta ach, mar ann an àiteachan eile, tha rudeigin luachmhor
air chall oirnn.

An-diugh air a' mhonadh ionaltraidh seo cha robh mi nam
bhuachaille aonarach mar a bha mi nam bhalach; bha mi ann an
cuideachd buidheann inbhich, à iomadh ceàrn de Bhreatann. Agus

carson a bha iadsan leam? An ann dìreach nan coisichean air a' mhonadh, a' gabhail cothroim air latha cho sòlasach, grianach ann an dùthaich cho mòrail? Chan ann! B'e am prìomh adhbhar cur ris na bha aca cheana den Ghàidhlig ('s cha bu bheag sin) agus cleachdadh a bhith ga bruidhinn. Gun teagamh, tha na seallaidhean fan comhair ciatach; a-nis chì iad Loch Lìobhann a' sìneadh a-mach seach Bail' a' Chaolais gu coinneachadh ris an Linne Sheilich. On àirde seo tha srathan is lochan mar gum biodh iad air am falachadh on chòrr de dh'Alba - gu dearbh, on t-saoghal gu lèir, le dùn cuairteachail - le àirde Shuaineart agus na Morbhairne, le meallan a' Mhaim Mhòir agus le sgoran creagach Ghlinne Comhainn. Ach a' mhòrachd! Ach 's i a' Ghàidhlig às motha a tha iad ag iarraidh, agus tha monadh nan croitearan a' tairgsinn sin dhaibh agus a' 'bruidhinn' riutha anns a' Ghàidhlig a-mhàin - bruthaichean is bruachan, glaicean is gàrraidhean-crìche, sruthain is stacan, ainm Gàidhlig air gach aon dhiubh. Nam measg tha ainmean coltach ris a' Chlach-bhru'ch, Staca na Craoibh Cuilinn, Tom nan Dearc is Tom na Crìche, Fàir nan Duilleag agus Ruigh' an Amair, agus mòran eile a tha tarraing dhuinn tìr-dhealbh ioma-dhathach.

Air an latha shoilleir seo anns a' Chèitean tha sinn a' tèarnadh a-nis air bruthach cas, feurach os cionn Creag-sglèata Bhail' a' Chaolais. As a' chreig thàinig cruachan tomaltach de dhuslach sglèata a bha cho mòr a' milleadh coltas a' bhaile. An-diugh tha atharrachadh air a' chùis; tha sinn a-nis a' faicinn mùthadh do-chreidsinneach. O chionn sia bliadhna chaidh na cruachan ìsleachadh agus a chòmhdach le talamh; agus chuireadh craobhan orra - pròiseact a leasaich tuar a' bhaile uile gu lèir. Chan fhaicear a-nis ach sgiort-fodha leacach far a bheil na bruachan a' tuiteam gu cas do Loch Lìobhann; agus tha sin fhèin a' toirt fa-near dhuinn na thàinig às a' chreig den stuth seo a thuilleadh air an sglèat a bha gu feum. Mar a sheallas sinn a-sìos air an toll mhòr ann an cliathach a' mhonaidh agus air na còmhnardan air aghaidh na creige air an robh luchd-oibre Bhail' a' Chaolais is

Ghlinne Comhainn uaireigin cho eòlach, tha an t-àite uile gu lèir sàmhach. Thall 's a-bhos tha dosan de chrìon-dhuilleach beithe a' dèanamh an culaidh-mhaitheis cuideachd air leasachadh, mar a tha iad a' cur fhreumhan a-sìos ann an duslach sglèata air a bheil coltas gu math aimrid.

Ann an comhartachd taigh-òsda tha sinn ag obair gu trang, fad na maidne, a' cleachdadh na cànain - le toil-inntinn, tha mi an dòchas. An dèidh grèim bìdh tha a h-uile duine a-nis dèidheil air dol a-mach airson sràid air monadh, no nas trice air sgrìoban machrach a tha Gleann Comhann a' tairgsinn le seallaidhean àlainn. Ach, gu cinnteach, cha bhiodh ach beag feum ann a bhith dìreach a' coimhead air an òirdheirceas a tha timcheall oirnn ann am mòr-phailteas mura bitheamaid ag ùisneachadh ar Gàidhlig rè nan amannan sin. Cha bhiodh a leithid ach na mhasladh don chànain againn agus i mun cuairt oirnn, càit sam bith a sheallas sinn; a' chànain a tha a' cur beatha ann an cairtean an *Ordnance Survey* - a' toirt dhuinn sgeul bheothail air eachdraidh, tìr-eòlas agus mòran eile gu tuigse nas fharsainge air a' choimhearsnachd, chan ann a-mhàin ann an Gleann Comhann ach mu thuath agus mu dheas tro Albainn gu crìochan Shasainn.

Bliadhna an dèidh bliadhna tha e glè aoibhneach leam tilleadh do thaigh-òsda anns a' cheàrn seo far a bheil mi, ann an seòmar no bàr, air cuairtean air monadh no ri taobh mara no loch uisg'-ùrail, a' co-phàirteachadh mo Ghàidhlig le daoine à iomadh ceàrn ann am Breatann agus, air uairean, às an Roinn-Eòrpa. Mar sin, beag agus mar a tha e, tha Gleann mo bhreith a' cluinntinn cànain a tha dùthchasach dhomh - air a bruidhinn le daoine a tha èasgaidh air fileantas. Tha mosgladh agus ùidh as ùr gan tarraing chan ann dìreach às a' Ghàidhealtachd ach à Galltachd na h-Alba cuideachd - iad a' sireadh, mar an ceudna, na bhuineas dhaibh le còir. Agus feumar a ràdh nach eil na h-oileanaich, aig a bheil dachaighean taobh a-muigh na h-Alba, a' tuigsinn idir carson a tha sinne, mar Albannaich, a' leigeil le ar cànain crìonadh - gun chasaid as fhiach ri Comhairlichean Foghlaim a tha a' cumail na Gàidhlig às na sgoiltean feadh na dùthcha agus mar sin a' dèanamh cinnteach gum bàsaich i.

DA SHEALLADH

Chunnaic mi
Tràigh de choirce
Or-ghrianach, a' fàs ri bàs;
Sguaban a' seòladh a-mach,
Cinn crocht' air an sgeir.

Chuala mi
Mèilich nan laogh,
Guineach - iad tachdte le tart;
Gun tairgse, sa gheumnaich,
Am bainne dol goirt.

Chunnaic mi
Coilltean a' caismeachd,
Galar gan liathadh gu 'm bàrr;
Fuil a' snigheadh om meuran
Mar leaghadh don làr.

Sheall mi
Air eòin ag iteach,
Am broilleachan bàna gun sàs,
A' cuibhleadh, a' siubhal,
A' tuiteam - iad marbh.

Chuala mi
Caoineadh na cloinne,
An sgreadan a' losgadh na gaoith',
A' sracadh bhealach san duibhre;
Na creagan a' caoidh.

Chunnaic mi
Fìor-uisg' an fhuarain
Gun allt a' falbh às a leth,
A' diùltadh a chuid, agus fàsach
Cho bratach air srath.

Chunnaic mi
Daonnachd, mo chinneadh,
Nam breislich - brolasgach bochd,
Tannaisg a' teumadh an deathaich
Dubh-thoiteach on t-sloc.

Chunnaic mi
Oir na -